奈良を知る

日本書紀の飛鳥

靍井忠義

青垣出版

はしがき

大和《やまと》（奈良県）全域に「日本書紀の舞台」を訪ねた『探訪　日本書紀の大和』（雄山閣出版）の刊行から二〇年。二〇〇九年の「奈良を知る　日本書紀の山辺道《やまのへのみち》』（青垣出版）の刊行に続いて、飛鳥の「日本書紀の舞台」もまとめなおした。

この二〇年、斉明《さいめい》天皇の後飛鳥岡本宮《のちのあすかおかもとのみや》、天武天皇の飛鳥浄御原宮《あすかきよみはらのみや》などが重複するとみられる飛鳥京の内郭《ないかく》の全容がほぼ明らかになり、西北の飛鳥川沿いから広大で優雅なたたずまいを見せる苑池《えんち》が発見された。斉明朝に〝国家の秘儀〟が行われた可能性がある亀形石造物（新亀石）が発見され、隣接する飛鳥池工房遺跡からは日本の経済流通史を塗り替え、教科書を書き換えさせた最古の貨幣、富本銭《ふほんせん》の鋳造が明らかになった。

また、百済大寺の可能性がある吉備池《きびいけ》廃寺や蘇我蝦夷《そがのえみし》・入鹿《いるか》父子の甘樫岡《うまかしのおか》の家の可能性がある遺構などが発見された。推古《すいこ》天皇と竹田皇子を葬ったらしい植山《うえやま》古墳が発掘され、牽牛塚《けんごしづか》古墳では八角形墳が確認され、陵の前に造られたと記録される大田皇女の墓かとみられる古墳が見つかった。キトラ古墳からは、四神図のほか、十二支像、驚くばかりに精緻な天体図などが明らかになった。

めざましい発掘成果は次々と新資料を加え、飛鳥の「日本書紀の舞台」はさらに豊かになった。

一方で、壁画の劣化が進んだ高松塚古墳の石室が保存のためとはいえ解体され、キトラ古墳の壁画も剥《は》ぎ取られた。ことばでは表現しがたい、悲しく、寂しい変化もあった。

今回、こうした成果や変化を書き加えて、日本の原点である飛鳥の古代史におけるすごさ、怖《こわ》さを改めてかみしめたことはいうまでもない。

併せて、飛鳥は躍動する若さあふれる時代だったことを強く感じた。仏教伝来以降、聖徳太子の遣隋使《けんずいし》派遣などによる〝海外の刺激〟を糧に律令国家体制を整えていくのが飛鳥時代だが、崇仏・排仏戦争、上宮王家《じょうぐうおうけ》の滅亡、乙巳《いっし》の変（蘇我入鹿《そがのいるか》暗殺事件）、白村江《はくすきのえ》の敗戦、壬申《じんしん》の乱などで多くの血を流し、さまざまな困難を乗り越えてつくった時代だった。

はしがき

日本の歴史を振り返れば、種子島《たねがしま》に鉄砲が伝来して以来の戦国末から天下統一への時代、浦賀沖への黒船来航から始まった明治維新、さらに太平洋戦争敗戦後の戦後復興の時代などと共通する若さと躍動感に満ちた時代ではなかったかと思う。多くの犠牲をはらいながらも、復興を遂げ、繁栄への道を歩んだことも共通する。

民族の自覚を深めながら、新しい世の中づくりを目指した、いわば「建設の時代」の息吹を感じ取っていただければ、うれしい。

二〇一一年四月

著者

目次

目次

装幀／根本　真一（クリエイティブ・コンセプト）
カバー写真／飛鳥寺出土軒丸瓦（奈良文化財研究所提供）

1　向原《むくはら》―仏教伝来

欽明《きんめい》十三年冬十月、百済《くだら》の聖明王（聖王）が遣わした達卒《たつそつ》、致契《ちけい》が来朝、金銅の釈迦《しゃか》仏一躯《く》、幡蓋《はたきぬがさ》若干、経論若干巻をもたらした。

次のような上表文を添えていた。

「この法《みのり》は多くの法の中でも最もすぐれています。限りない幸福や果報をもたらし、人々を無上の菩提《ぼだい》に導くことができます。この妙法の宝は物ごとが思いのままになる宝珠《ほうじゅ》のようなもので、願いごとはすべてかないます。遠く天竺《てんじく》から三韓《みつからくに》に至るまで、仏法の教えを護持し、尊びうやまっていない国はございません」

これを聞いた天皇は、躍り上がらんばかりに喜んだ。そして

「これほどすばらしい法は聞いたことがない。しかし、どちらとも決めかねる」

と、群臣らを集めて、

「西蕃《にしのとなりのくに》のたてまつった仏の相貌はおごそかで、これまでまったくなかったものだ。礼拝すべきかどうか」

と尋ねた。

蘇我稲目《そがのいなめ》が答えた。

「西蕃の諸国がみな礼拝しています。日本だけがそれに背《あざむ》くべきではありますまい」

しかし、物部尾輿《もののべのおこし》と中臣鎌子《なかとみのかまこ》は強く反

対した。

「わが国家を統治する王は、天地社稷《あまつやしろくにつやしろ》の百八十神を春夏秋冬にお祭りすることをその務めとしておられる。蕃神を礼拝されるならば、国神《くにつかみ》の怒りはまぬかれないでしょう」

〈巻第十九・欽明天皇〉

書紀の伝える「仏教公伝」である。その年次は「欽明十三年」、五五二年のことだったと記すが、「上宮聖徳法王帝説」や「元興寺《がんこうじ》伽藍縁起《がらんえんぎ》」は「戊午年」、五三八年のこととしている。十四年の開きがある。その理由についてはいろんな推論があるが、はっきりしていない。しかし、六世紀前半ごろまでに、民間ルートも含めてさまざまな形で、仏教の教えや知識、仏像、仏具などがわが国にもたらされ、渡来人を中心に信仰が広まっていたことは間違いないところだろう。

五八八年の飛鳥寺の造営開始によって「仏教国家」への歩みを始めるまでは、受容か否かをめぐってさまざまな相剋《そうこく》があった。一種のカルチャーショックがあったらしい。

賛否の分かれるのを知った欽明天皇は、

「礼拝を願っている稲目に授け、試みに礼拝させてみることにしよう」

と裁断した。稲目は喜び、小墾田《おはりだ》の家に安置して修行し、向原《むくはら》の家を寺とした。

やがて、疫病が流行して人々が次々と死んだため、尾輿と鎌子が

「私たちの方策を無視されたため、このようなことになったのです。早く仏を投げ棄て、後の幸福を求めるべきです」と奏上。

天皇は承知し、仏像を難波の堀江に流し棄て、伽藍《がらん》に火をつけて焼いた。

すると、風もないのに、にわかに大殿（欽明の磯城嶋金刺宮《しきしまのかなさしのみや》＝桜井市金屋、慈恩寺付近に推定）から出火した。

〈巻第十九・欽明天皇〉

稲目が仏像を安置した「小墾田《おはりだ》の家」と寺に改修したという「向原《むくはら》の家」は、明日香村豊浦あたりにあったといわれる。

豊浦《とゆら》の集落は甘樫丘《あまかしおか》北麓にある。飛鳥地方最初の宮都となる推古《すいこ》天皇の豊浦宮《とゆらのみや》が営まれた地とも伝える。集落内にある浄土真宗・向《こう》原寺《げんじ》は、その名などから「ムクハラの寺」の地に建つと伝承する。

豊浦寺と豊浦宮の遺構

その向原寺境内から、奈良文化財研究所の昭和六十年の調査で厚さ九〇センチほどに版築した基壇跡が見つかった。飛鳥時代の豊浦《とゆら》寺の遺構と推定された。さらに、その下層から石敷き遺構と建物跡が発見され、豊浦宮の遺構とほぼ断定された。

『元興寺伽藍縁起』には「等由良宮を寺にし等由良寺と名付ける」という記事があり、『三代実録』にも「豊浦寺は推古天皇の旧宮」と記すことから、折り重なる上下二層の遺構は豊浦寺と豊浦宮の跡と推定されたのだ。

二層の遺構の一部は、向原寺境内の一角に覆屋《おおいや》を設けて一般公開されている。同寺に申し込めば、いつでも見学できる。

㊤向原寺 ㊦境内にある「推古天皇　豊浦宮跡」碑（左）と保存公開されている豊浦寺・豊浦宮跡の出土遺構（右）

向原、豊浦、小墾田などの地名をいまに伝える甘樫丘の北麓、飛鳥川に沿うあたりが、仏教がわが国で最初に根を下ろした地とみてよさそうだ。

崇仏と破仏

仏教公伝の翌年の欽明十四年（五五三）、茅淳海《ちぬのうみ》（大阪湾）から発見された光り輝く樟木《くすのき》で二躯の仏像を造った、との伝えがある。敏《び》達《だつ》六年（五七七）には、百済から経論のほか、律師、比《び》丘《く》尼《に》、造仏工、造寺工などが送られてきた、との記事もある。

仏教は着実に根を下ろしていったらしい。しかし、「破仏」も続く。崇仏派の代表は蘇我氏だったのに対し、排仏派の代表は物部氏。いがみ合いが続いた。

敏達《びだつ》十三年（五八四）、百済から弥勒《みろく》の石像一躯と仏像一躯を将来した。蘇我馬子の手に入った。馬子は、司馬達等《しめたっと》らに各地から修行者を求めさせ、播磨国（兵庫県）で高麗の恵便《えべん》という還俗僧《げんぞくそう》を探し出した。また、達等の娘が得度して善信尼となった。善信尼の弟子の禅蔵尼と恵善尼も得度した。馬子は三人の尼を敬い、衣食を供給させた。

馬子は、邸宅の東に仏殿を営み、弥勒の石像を安置し、三人の尼を迎えて法会を行った。このとき達等が、仏に供える食器の中から舎利を見つけ馬子にたてまつった。

舎利は、カナトコに置いて鉄の槌で打ってもビクともせず、カナトコと槌が砕けた。水に入れると、願いのままに浮き沈みした。感動した馬子は、石川の邸宅に仏殿を造った。仏法の初めはこれより起こった。

翌十四年、馬子は塔を大野丘の北に建てて、達等の会得した舎利を納めた。

まもなく馬子が病にかかり、人々の間にも疫病が流行して死者が相次いだ。物部守屋と中臣勝海《なかとみのかつみ》が

「これは蘇我臣が仏法を広めているからに違いありません」

と奏上、天皇は「仏教の禁断」を決断した。

さっそく守屋は大野丘の塔を切り倒して火を放ち、仏像や仏殿も焼き払った。焼け残りの仏像は難波の堀江に棄てた。さらに、尼たちの法衣をはぎ取り、身を縛って海石榴市《つばきいち》で鞭《むち》打った。

ところが間もなく、疱瘡《ほうそう》が国中に流行し、天皇と守屋もわずらった。多くの死者が出た。人々はひそかに

「仏像を焼いた罪だ」

と語り合った。

〈巻第二十・敏達天皇〉

馬子の造った「石川の宅の仏殿」は、橿原市石川町にある本明寺が伝承されてきた。「石川精舎《いしかわしょうじゃ》」の呼び名がいまに伝わる。無住の堂が一つ、ひっそりと建つ。

「大野丘の塔」は、同市和田町の集落北はずれの水田中にある「トノン田の大野塚」と呼ばれる土壇と伝えられてきた。昭和四十九

年と五十年の奈良文化財研究所の発掘調査で、土壇は確かに塔跡であることが判明した。七世紀後半の鴟尾《しび》なども出土した。しかし、わが国最古の塔跡の遺構は確認できず、いまは「和田廃寺跡」と呼ばれる。

崇仏と破仏の相剋は、天皇は欽明、敏達、用明の三代にわたり、蘇我氏は稲目、馬子、物部氏は尾輿、守屋のそれぞれ父子二代にわたった。政権争いが、いがみ合いに拍車をかけ、ついに大きな武力衝突を引き起こす。最終決着は、馬子が守屋を倒す用明《ようめい》二年（五八七）の崇仏・排仏戦争へ持ち越された。

七月に入り、馬子は守屋討伐を呼び掛けた。泊瀬部《はつせべ》皇子（のちの崇峻天皇）、竹田皇子、厩戸《うまやど》皇子（聖徳太子）、難波《なにわ》皇子、春日皇子、紀男麻呂《きのおまろ》、巨勢比良夫《こせのひらふ》、膳傾子《かしわでのかたぶこ》、葛城烏那羅《かつらぎのおなら》が呼応した。大伴臣、安倍臣、坂本臣、春日臣らも出陣、守屋の渋河《しぶかわ》の家（東大阪市）に軍を進めた。

守屋は孤立の状態にあった。稲城《いなき》（稲を積んで作ったとりで）を築いて戦った。自ら朴《えのき》の木の上に登り、雨のように矢を射た。馬子軍は三度も退却した。馬子と厩戸皇子は四天王らに堂塔建立を誓願して勝利を祈った。

やがて、迹見赤檮《とみのいちい》が守屋を木から射落とし、殺した。守屋軍はたちまち敗走、広瀬の勾原《まがりのはら》で狩猟をするふりをして逃げ散った。

餌香川原《えがのかわら》（大阪府羽曳野市）には、斬ら

れて死んだ人々の遺骸が数百も折り重なった。やがて腐乱して姓も名も分からなくなり、遺族は衣服の色などわずかな手掛かりで遺骸を引き取った。

〈巻第二十一・崇峻天皇〉

最終決着までの数十年間は、いわば、わが国仏教の神話時代だった。伝えられる話には伝説的要素が少なくなく、伝承する遺跡もはなはだあいまいだ。しかし、近鉄橿原神宮前駅東口から明日香村の甘樫丘のふもとの豊浦集落あたりへ通じる道、のちに山田道となった古道沿いに、わが国最初の仏教の聖地が形成されていったことは間違いないようだ。

そこは、地理的にも、歴史的にも、飛鳥の入口だった。

甘樫丘から豊浦、石川、和田方面を望む。仏教が最初に根を降ろした地だ。後方は畝傍山

ワン・ポイント

藤ノ木古墳の被葬者

仏教公伝は、『日本書紀』の伝える五五二年説と『元興寺伽藍縁起』などが伝える五三八年説がある。どちらが正しいのか定かでないが、物部守屋が蘇我馬子らの軍勢に敗れる五八七年まで、受容か排斥か、崇仏か破仏かをめぐって、激しい対立・抗争が続いた。

崇仏派の代表は蘇我氏、排仏派の代表は物部氏。内実は、政治の実権掌握をめぐる権力争いだった。書紀は次のようなエピソードを載せる。

敏達《びだつ》天皇が、その十四年(五八五)八月、亡くなった。殯宮《もがりのみや》を広瀬《ひろせ》に造った。蘇我馬子大臣《そがのうまこおおおみ》が誄《しのびごと》をすると、物部守屋大連《もののべのもりやおおむらじ》が、これをあざ笑った。

「まるで猟箭《ししや》（狩猟用の矢）で射られた雀《すずめ》のようだ」

守屋が手足をふるわせながら誄をすると、こんどは馬子が笑った。

「鈴を懸《か》けたら良い」

二人の怨恨《えんこん》はつのった。不穏な空気に、三輪君逆《みわのきみさかう》が、隼人《はやと》らに命じて殯宮を守衛させた。

〈巻第二十・敏達天皇〉

殯《もがり》は、埋葬までの間、遺体を喪屋《もや》（大王の場合は殯宮）に安置し、遺族や近親者が死者の霊を慰める儀式。当時の葬送儀礼の中心を占める重要儀式だった。「殯の基礎的研究」をまとめた和田萃《あつむ》氏によると、六世紀はじめごろから特に大規模になり、大王の殯では誄《しのびごと》儀礼を繰り返した最後に日嗣《ひつぎ》（王統譜）が奏上され、和風諡《し》号が献呈されるなど、大王位（皇位）継承儀礼としても重要な意味を持っていた、という。誄は、単に死者の霊を慰める弔辞から新たな王位継承者に対して服属を誓うものに変化していった、ともいう。

広瀬の殯

敏達天皇の広瀬の殯では、穴穂部《あなほべ》皇子（欽明《きんめい》の皇子）が突然、「どうして死んでしまった王のもとに奉仕して、生きている王のもとに仕えようとしないのか」と怒鳴り散らした、と書く。皇位継承問題の渦中にあって、募る苛立ちと不満を爆発させたということだろうか。

広瀬の殯は一年以上にも及んだらしい。皇子は翌年の五月、敏達の殯宮に奉仕していた炊屋姫《かしきやひめ》皇后（敏達の皇后、後の推古《すいこ》天皇）をおかそうとして無理やり殯宮に入ろうとしたが、三輪君逆《みわのきみさかう》に追い返された、という奇妙な記事もみえる。

皇位は既に前年の九月、異母兄弟の橘豊日《たちばなのとよひ》大兄皇子が継ぎ、用明《ようめい》天皇となっていた。穴穂部は失意のどん底にあったらしい。結局、物部守屋とともに、三輪君逆追討を口実に、用明天皇の磐余池辺双槻《いわれのいけべのなみつき》宮を囲む。反乱である。双槻宮への突入は、駆けつけた蘇我馬子によって阻止されたが、守屋は逆《さかう》を殺す。（一書によると穴穂部自身が逆を殺した）

用明天皇は病弱だったらしい。五八七年四月、即位二年目にして亡くなる。

大和川合流地点にある広瀬大社（右後方の森）。敏達天皇の「広瀬の殯」の地は分からない

すぐさま守屋は、野心満々の穴穂部皇子の擁立に向けて動く。

しかし、この動きは馬子に筒抜けだった。馬子はすぐに炊屋姫を奉じて軍を起こし、穴穂部の宮を囲んだ。楼の上にいた皇子は、右肩に斬りつけられ、楼から転げ落ちた。近くの建物に逃げ込んだが、捜し出され、殺された。馬子は翌日、宣化《せんか》天皇の皇子、宅部《やかべ》皇子も殺した。穴穂部と親しい仲だったから、と書く。

二人の男性被葬者

豪華な鞍《くら》金具の出土や未盗掘石棺の調査で大きな注目を集めた斑鳩・藤の木古墳は男性二人を合葬していた。橿原考古学研究所員として調査を担当した前園実知雄氏は、二人の被葬者は穴穂部皇子と宅部皇子だったと考えている。

前園氏の著書『斑鳩に眠る二人の貴公子　藤の木古墳』（新泉社）によると、出土土器から古墳の築造時期は六世紀後半から末葉であることが分かった。年代的に矛盾しない。棺内には、金銅製品、銀製品、おびただしいガラス玉などが残され、新来のきらびやかな装具で身を飾る被葬者像が浮かんだ。ただ、大刀など副葬品は伝統的な倭風スタイルを踏襲、大王権との深い係わりをみせた。さらに、北側被葬者の装具の方が圧倒的に優り、二人の立場の違いをうかがわせた。

　人骨鑑定結果では、北側被葬者は二十歳前後のわりに華奢《きゃしゃ》な体格の男性、南側被葬者は骨の残りがきわめて悪かったが、二十～四十歳の壮年男性。

　棺内の遺物に混じってベニバナとアカガシの花粉があった。ベニバナは防腐剤として用いられていた可能性が高いが、アカガシの花粉は遺骸の納棺時にまぎれ込んだものらしい。納棺の時期はアカガシの花粉が舞う初夏だった、と前園氏は推測する。二人の皇子が殺されたのは五八七年の夏四月七日と八日、まさに初夏だった。

藤ノ木古墳の石棺。被葬者は穴穂部皇子と宅部皇子か（橿原考古学研究所提供）

2　真神原《まかみのはら》――飛鳥寺の建立

五八七年に物部《もののべ》氏を打ち倒した戦争は、基本的には皇位継承のからんだ権力争いだった。仏教受容をめぐる宗教戦争的要素は伝えられるほど大きくなかったかもしれない。しかし、結果的には、排仏派の代表、物部氏が力を失い、「仏教国家」への道を歩み始める出発点となった。

河内の渋川《しぶかわ》の守屋《もりや》の家に総攻撃をかけたときの次のエピソードはあまりにも名高い。

守屋の軍勢は強く、盛んで、家に満ち、野にあふれた。馬子側の軍衆はおじけづき、三度も退却した。

このとき、厩戸皇子《うまやど》（聖徳太子）は、束髪於額《ひさごはな》をする少年（十四歳）だった。軍の後方に従っていた。戦況を敏感に察した。

「このままでは敗れるかもしれない」

と、すばやく白膠木《ぬりで》から四天王像を彫り出した。頭髪に刺し、

「敵に勝たせていただけるなら、きっと護世四王のために寺塔を建立しよう」

と誓願した。

続いて馬子も誓願を発し、

「私を守り助け、勝利を与えて下さるなら、きっと寺塔を建て仏法を広めよう」

たちまち戦況は一変し、守屋を倒し

た。

〈巻第二十一・崇峻天皇〉

真神原—飛鳥寺の建立

太子の発願した四天王寺（荒陵《あらはか》寺、大阪市）は、推古元年（五九三）に造営が開始されている。戦争終結後すぐに造り始められたわけではないらしい。しかし、馬子の発願した寺はさっそく戦争の翌年（五八八年）から、飛鳥の真神《まかみの》原《はら》で工事に着手された。飛鳥寺である。法興《ほうこう》寺《じ》、元興寺《がんこうじ》とも呼ぶ。わが国最初の本格的寺院だった。

造営地の真神原は飛鳥盆地の中心部、明日香村飛鳥付近の平坦地のこと、と考えられている。飛鳥寺造営に続いて王宮殿が次々と営まれ、飛鳥の中心、飛鳥時代の中心となっていく。

真神原。飛鳥京から飛鳥寺方面を望む

「真神原」のことは、一〇〇〇年以上も前にあたる雄略天皇紀にも登場する。百済など半島から渡ってきた多くの「手末《たなすえ》の才伎《てひと》」らを居住させた土地三カ所のうちの一カ所として登場する。他の二カ所は上桃原《かみつももはら》と下桃原《しもつももはら》。石舞台古墳は「桃原墓」と呼ばれ、やはり明日香村内と推定されている。（私見では、桃原は高取町にも広がるものと推定）

「手末の才伎」は手先を使う技術をもつ工人や知識人のことをいったらしい。雄略紀の記事中には、陶部《すえつくり》、鞍部《くらつくり》、画部《えかき》、錦部《にしごり》、訳語《おさ》（通訳）の技術者の名がみえる。「今来《いまき》の才伎《てひと》」とも呼ばれ、飛鳥時代の産業、経済、文化の発展を支えた。こうした先進技術や知識を備えた渡来人が、それが正確に雄略朝だったかどうかは別として他地域に先駆けて飛鳥地方に居住したことが、後に飛鳥の地を王都たらしめることになったことは疑えない。

鞍作鳥とハイテク技術

崇峻紀によると、飛鳥寺の造営にあたって、百済から舎利《しゃり》がもたらされ、寺工《てらたくみ》、鑪盤《ろばんの》博士《はかせ》、瓦博士《かわらのはかせ》、画工《えかき》らが次々とやってきた。建築、鋳造、瓦作りの技術者や画家たちだった。翌々年（五九〇）には、山に入って用材を採った。

崇峻《すしゅん》暗殺（五九二年）を経て推古《すいこ》元年（五九三）の正月には塔の心礎に舎利を納め、心柱《しんばしら》を立てた。推古四年（五九六）には、馬子の子の善《ぜん》徳臣《とこのおみ》が寺司《てらのつかさ》となり、高麗僧・慧慈《けいじ》と百済僧・慧聡《えそう》が住み始めた。

推古十三年（六〇五）には、女帝が太子や馬子らとともに銅と刺繍《ししゅう》の二つの丈六仏《じょうろくぶつ》を発願、鞍作鳥《くらつくりのとり》（止利仏師）が制作を始めた。翌年完成して金堂に安置した。飛鳥寺は着工から十八年を経てほぼ完成をみた。

　おそらく真っ赤に丹を塗ったエンタシスの柱。屋根の上では瓦がみごとな直線美、曲線美を描き、堂内にはさんぜんと輝く金色の仏像。見上げるばかりの塔の上には、まばゆく光り輝く相輪。透かし彫りの水煙には、飛天が華麗に舞っていたことだろう。

　大陸渡来の最先端技術を駆使した堂塔伽藍に、さすがの飛鳥人たちもド肝を抜かれたに違いない。一般庶民は竪穴式住居に住み、宮殿といえども掘立柱の建物で、屋根は草葺きか板葺きの時代だった。

　丈六《じょうろく》の金銅仏が完成したときのこととして、書紀は次のようなエピソードを伝える。

　仏像が金堂の戸より高く、納めることができなかった。工人たちは
「戸を壊して中に入れよう」

と相談し合った。

ところが、鞍作鳥《くらつくりのとり》はすぐれた工《たくみ》で、戸を壊さずに入れた（方法は書いていない）。

　このため天皇は鳥をほめたたえ、上から三番目の大仁《だいにん》の位と近江《おうみ》国坂田郡の水田二十町を授けた。鳥は感謝のしるしとして飛鳥に坂田寺を建立した。

〈巻第二十二・推古天皇〉

鞍作鳥は、継体《けいたい》朝に渡来して坂田原（明日

香村）に草庵を営み、仏像を礼拝したと伝える司馬達等《しばたつと》の孫にあたる。父の多須奈《たすな》は用明《ようめい》天皇の病気平癒のために出家して丈六仏を造った。叔母の嶋女（善信尼《ぜんしんに》）は女性として初めて出家した。

本来は、馬具作りで朝廷に仕えた渡来工人だったらしい。馬具作りには、金工や木工の高度な技術を必要とする。その技術は、やがて仏像制作に応用されたようで、法隆寺・金堂の釈迦三尊像（国宝）なども鳥の作品と伝える。鳥は、その名をいまに残すわが国最初の芸術家といっていいだろう。

しかし、鳥一人が秀れた工人だった、ということではなかった。飛鳥文化を切り開く上で、渡来系の技術者がいかに大きな役割を果たしたか、また、彼らのもたらしたハイテク技術がいかに人々を驚かせたか、を物語るエピソードと考えるべきだろう。

鞍作鳥（止利仏師）作と伝える飛鳥寺本尊・釈迦如来座像

飛鳥寺（高市郡明日香村飛鳥）はいま、創建時の大伽藍《がらん》のおもかげはない。安居院《あごいん》と呼ばれてきた堂一つと庫裡《くり》、鐘楼などを残すだけ。鳥の作った本尊・釈迦如来座像（飛鳥大仏）があるが、中世は雨ざらしだったといい、つぎはぎだらけ。歴史的には最古の仏像のはずだが、国宝に指定されず、重文にとどまっている。しかし、飛鳥観光の一つの拠点として訪れる人は多く、千四百年の法灯を守り続けている。

飛鳥寺の発掘

昭和三十一年から二年間、奈良国立文化財研究所（現奈良文化財研究所）によって大がかりな発掘調査が実施された。坪井清足、鈴木嘉吉、工藤圭章氏ら、後に奈文研を担うことになる壮々たる古代建築史学者が担当した。

まず、本尊の下から竜山石《たつやま》（凝灰岩）の切り石を組み合わせて作った大きな台座を見つけ、安居院は元の金堂の位置にあり、本尊も元の場所を動いていないことを突きとめた。

発掘調査では、金堂基壇、石敷き参道、塔跡などが次々と検出され、塔の東西にも東金堂と西金堂がある「一塔三金堂」形式の伽藍配置が明らかになった。

それまで、南門、中門、塔、金堂、講堂が南北に一直線に並ぶ「四天王寺式」の伽藍配置が最も古い、とするのが定説だった。四天王寺のほか、法隆寺若草《わかくさ》伽藍（斑鳩《いかるが》寺）や百済の古い寺院も同じ配置。時代を経るに従って、右に金堂、左に塔の「法隆寺式」、金堂手前の左右に塔が並ぶ「薬師寺式」、東西塔が回廊の外に出る「東大寺式」などに変化する、と教科書にも書かれていた。

最古の飛鳥寺も当然「四天王寺式」との想定で調査が進められた。ところが、思いもよ

昭和31年（1956）から行われた飛鳥寺の発掘調査
（奈良文化財研究所提供）

らぬ三金堂の出現、坪井氏は「想定がくずれたので全く当惑してしまった」（『飛鳥寺』）と回想する。まさに教科書を書き換える発掘成果だった。

「一塔三金堂」は百済にはない。ところが、高句麗の都だった平壌の清岩里《せいがんり》廃寺に例がある。飛鳥寺は、文献記録のほか、出土する素《す》弁蓮華文《べんれんげもん》の軒丸瓦の文様や、すぐ東南で見つかった瓦窯跡の構造が百済のものそっくりなことなどから、百済の技術で造営されたことは明らかだが、高句麗とのつながりも注目されることになった。

中金堂には金銅仏、東金堂には敏達十三年（五八四）に百済からもたらされたという弥勒《みろく》の石仏（未発見）、西金堂には金銅仏といっしょに制作されたという繍仏《しゅうぶつ》が安置されていた、と推測されている。

塔跡の発掘も人々を驚かせた。鎌倉時代の建久七年（一一九六）の焼失後すぐに再埋納されたらしい木箱と舎利容器が見つかり、さらに基壇の上表面から三メートル程もある地下の深いところから花崗岩の心礎が発見された。

心礎周辺から多数の埋納物が出土した。列挙すると、▽挂甲《けいこう》▽馬鈴《ばれい》▽蛇行状《だこうじょう》鉄器（馬に飾った幡の金具とされる）のほか、▽メノウ、ヒスイなどの勾玉《まがたま》四個▽管玉《くだたま》五個▽水晶の切子《きりこ》玉《だま》二個▽メノウの丸玉一個▽琥珀玉《こはくたま》多数▽銀製空玉《うつろだま》三個▽銀製くちなし玉一個▽トンボ玉三個▽紺、緑、黄、赤などのガラス小玉二二六六個▽金製耳環《じかん》一三個▽金の延板《のべいた》七枚▽銀の延板五枚▽円形と剣菱形《けんびしがた》金銅製品六〇点以上▽刀子《とうす》一二本▽金銅の鈴七個▽金銅製歩揺《ほよう》数百個―など。

それはまさに古墳の副葬品を思わせる遺物だった。玉類は装身具にほかならず、円形や剣菱形の金銅製品はスパンコールのように布に縫いつけられていた飾り金具と考えられる。昭和六十三年に調査された斑鳩・藤ノ木古墳の未盗掘石棺からも同じようなものが見つかり、共通性が注目された。

出土品は、釈迦の舎利を埋納する塔心礎を墳墓と同じように意識したことを示すと解釈できる。考えてみれば、飛鳥寺の塔が建立された六世紀末は、時代区分でいえばまだ古墳時代なのだ。

飛鳥寺は、古墳時代から飛鳥時代へ橋渡しをした「ハイテク文化センター」だった。

3　小墾田《おはりだ》——推古登極

物部守屋《もののべのもりや》が、蘇我馬子《そがのうまこ》や厩戸皇子《うまやど》（聖徳太子）らに討たれ、物部本宗家が滅んで直後の五八七年八月、ほぼ四カ月にわたって空位だった皇位に、泊瀬部皇子《はつせべ》が就いた。崇峻天《すしゅん》皇である。倉梯《くらはし》に宮を営んだ。

崇峻五年（五九二）十月、イノシシを献上した者があった。天皇は指さし、

「いつかはこのイノシシの首を斬るように、きらいな男の首を斬ってしまいたいものだ」

と言った。多くの武器を用意した。

伝え聞いた馬子は、自分が憎まれていることを恐れ、徒党を集めた。

十一月三日、東漢直駒《やまとのあやのあたいこま》に命じて天皇を暗殺させた。その日のうちに倉梯岡《くらはしのおかの》陵《みささぎ》に葬った。

まもなく駒は、天皇に仕えていた馬子の娘、蘇我嬪河上娘《そがのみめかわかみのいらつめ》を奪って妻とした。これを知った馬子は、駒を殺した。

〈巻第二十一・崇峻天皇〉

崇峻天皇は欽明天皇の子で、母は蘇我稲目の娘の小姉君《おあねのきみ》。馬子には甥にあたっていた。皇位に野心を示しながら最終的に馬子に殺されてしまった穴穂部皇子《あなほべ》とは同母兄弟だった。

当初は、守屋—穴穂部ラインに近く、馬子

とは対立する立場にあったらしい。穴穂部の死後は、馬子の呼びかけに応じて守屋討伐の連合軍に加わった。そうした世渡りで、皇位に推されたのかも知れない。だが、馬子との感情的対立は解消されずに続いたらしい。

「倉梯宮」は、『古事記』では「倉椅柴垣宮《くらはしのしばがきのみや》」と記す。桜井市倉橋《くらはし》の寺川の渓流沿いがその伝承地。「天皇屋敷」や「天皇の神」と称された神社などもあったという。宮内庁が治定する崇峻陵も近くにある。

ただ、「本当の崇峻陵」は、北東約一キロ、倉橋ため池のたもとにある赤坂天王山古墳、と考える研究者が圧倒的に多い。

一辺約四〇メートルの大きな方墳。花崗《かこう》岩《がん》の巨石を積み上げた立派な横穴式石室が南側で開口し、もぐり込めば、中に入ることができる。羨道部《せんどうぶ》を進むとすぐ真っ暗闇になる

崇峻天皇陵（桜井市倉橋）。付近は倉椅柴垣宮の伝承地でもある

が、懐中電灯を照らすと、奥よりに凝灰岩《ぎょうかいがん》製の大きな家型石棺《いえがたせっかん》が置かれているのが分かる。正面に盗掘穴がぽっかり開き、痛々しい。石室の天井は見上げるばかりに高い。

最初の女帝

崇峻の次に皇位に就いたのは推古女帝だった。天皇暗殺という未曾有の事件に次いで、これまた前例のない女帝の登極――。

推古は、諱《いみな》を額田部《ぬかたべ》皇女、諡号《おくりな》を豊御食炊《とよみけかしき》屋《や》姫といった。欽明《きんめい》天皇と堅塩媛《きたしひめ》（蘇我稲目《いなめ》の娘）の間に生まれた第四子。母は異なるが、崇峻の姉か妹にあたる。

欽明三十二年（五七一）、十八歳で異母兄、敏達《びだつ》の妃となり、敏達五年（五六七）、二十三歳のとき皇后となった。前年に広姫《ひろひめ》皇后が死去したため、と書紀は伝える。

以後、三十二歳で夫・敏達と死別し、その殯《もがり》宮で穴穂部事件に、次いで血で血を洗う蘇我・物部決戦に、さらに未曾有の崇峻暗殺事件に遭遇した。そのつど、政治の表舞台で重要な役割を担う。

例えば、物部守屋が穴穂部皇子を皇位にかつごうとしたのに対し、馬子は炊屋姫を奉じて戦った。守屋追討の〝錦《にしき》の御旗《みはた》〟は推古だった。

即位したときは三十九歳。六二八年、七十五歳で死去するまで、在位は三十六年にわたった。

即位の翌年（五九三）、厩戸皇子を皇太子に立て、政務のすべてを委ねた、と書紀は記す。しかし、「太子と嶋大臣《しまのおおおみ》（馬子）がともに政治を輔《たす》けた」とも書く。微妙なバランスのもとに、推古、太子、馬子による共同執政が進められたらしい。

女性の天皇は十代（八人）を数える。古代に圧倒的に多い。推古、皇極《こうぎょく》（再祚《さいそ》して斉明《さいめい》）、持統《じとう》、元明《げんめい》、元正《げんしょう》、孝謙《こうけん》（再祚して称徳《しょうとく》）。八代（六人）までも七、八世紀に即位している。他は江戸時代の明正《めいせい》と後桜町《ごさくらまち》。推古天皇は、「女帝の時代」の幕開けでもあった。

推古以前にも「女王」がいなかったわけではない。『魏志《ぎし》』倭人《わじん》伝が伝える三世紀の邪《や》馬台国《またいこく》の卑弥呼《ひみこ》と臺《と》（台）与《よ》もその例に入るだろう。五世紀ごろ、清寧《せいねい》天皇の死後しばらく、忍海《おしぬみ》（いまの奈良県葛城市付近）で政治を執ったと伝える飯豊青皇女《いいどよのあおのひめみこ》の例もある。

女帝登場の背景として、「巫女王《みこおう》説」「中継ぎ説」などが古くから提唱されてきた。

卑弥呼や飯豊青皇女にはシャーマン的性格が色濃い。七世紀の皇極天皇にも、日照り続きに南淵《みなみぶち》の河上（明日香村）でひざまずいて四方を拝み大雨を降らせた、とのエピソードが『日本書紀』にみえ、シャーマン的性格をみせる。

「中継ぎ」は、〝本命〟の皇位継承者が幼少のときなどに登場するケースで、奈良時代、首《くび》皇子（のちの聖武《しょうむ》天皇）の成長を待つために皇位に就いた元明女帝などはその典型といえる。

推古は「元皇后」だった。皇極、持統も同様に皇后を経て天皇になった。井上光貞氏は「問題の起こりやすいときに先帝の皇后が位についたのだろう」（『日本の歴史―飛鳥の朝廷』小学館）と推測し、女帝擁立の背景に「激しい権力争い」をみる。

推古の即位は、蘇我氏が武力行使を含むさまざまな形で次々と対立者を排除して独裁権力の確立をはかる過程だった。蘇我氏の「野望」にとって推古は〝頼みの綱〟にほかならなかった。黛弘道氏は、「早くから外戚蘇我氏の期待を担う存在だった」（『明日香風』６号）と推測する。

蘇我氏の「野望」は、推古登極で実現した。

豊浦宮から小墾田宮へ

推古天皇は、はじめは豊浦宮《とゆら》、次いで小《お》墾田宮《はりだ》に住み、飛鳥時代を切り開いた。崇峻天皇の後継者として豊浦宮で即位したのは

小墾田宮が営まれたのは甘樫丘北方の飛鳥川に沿うあたりとみられる（甘樫丘より）

五九三年、小墾田宮を新たに造営して遷ったのは六〇三年とされる。推古三十六年に亡くなるまで二五年間、この小墾田宮で過ごした。

豊浦宮は、「1　向原」編でみたように、明日香村豊浦の甘樫丘北麓に営まれたと伝える。豊浦の集落内にある浄土真宗・向原寺《こうげん》の境内から石敷きや建物跡などの遺構が見つかっている。

一方、小墾田宮は、豊浦集落北方の水田の中に残る「古宮土壇《ふるみやどだん》」とその周辺が古くから有力候補地とされてきた。飛鳥川左岸の平坦地にあたる。昭和四十五年と四十八年の奈文研の発掘調査で、石敷き、石組み溝、庭園、倉庫跡、大型建物跡などの遺構が検出されたが時代が合わず、推古時代の宮殿跡と確定できる遺構の発見までには至っていない。

ところが、飛鳥川をはさんだ東側の明日香村雷《いかづち》小字東浦の雷丘《いかづちおか》東方《とうほう》遺跡で昭和六十二年に明日香村が実施した調査で、「小治田宮」とくっきり墨書した墨書土器一一点が見つかった。平城京に都を置いた奈良時代のもので、『続日本紀《しょくにほんぎ》』に登場する「小治田宮《おはりだ》」に関係する遺物と断定された。

『続日本紀』によると、天平宝字四年（七六〇）、淳仁《じゅんにん》天皇が小治田宮に行幸して数カ月間、滞在した。藤原仲麻呂の全盛期で、平城宮では仲麻呂の指示で大がかりな改作工事が進められていた。工事期間中の仮の宮殿として用いられた可能性があるが、久々に天皇が戻った飛鳥の地は「新京」と呼ばれた、と伝える。

『続日本紀』にはこのほか、天平神護元年（七六五）に称徳《しょうとく》天皇が紀伊国に行幸する途中で立ち寄ったとも記す。小治田宮は、八世紀後半まで、離宮など何らかの形で残されていたらしい。

小墾田宮と後身の小治田宮は、甘樫丘北方の飛鳥川のほとりに、場合によっては飛鳥川をはさんで営まれていたとみてよさそうだ。豊浦宮とは、隣接するか、ほぼ重なり合う場所だったと考えていいだろう。推古女帝の時代、冠位十二階の制定（六〇三年）、十七条の憲法の撰述（六〇四年）、遣隋使《けんずいし》の派遣（六〇七年）など教科書でもおなじみの重要国策が進められた。聖徳太子、蘇我馬子とともに推進されたものだが、国政の中心舞台となったのは言うまでもなく豊浦宮であり小墾田宮。そこは、「飛鳥の原点」だった。

小墾田宮の構造

推古十六年（六〇八）、遣隋使の小野妹子《おののいもこ》が帰国した。いっしょに隋の答礼使、裴世清《はいせいせい》が来日した。裴世清は六月に難波津《なにわのつ》（大阪府）に上陸、日本側は館を新築し、飾り船三〇艘を仕立てて一行を迎えた。しばらく難波の館《むつろみ》に滞在したらしい。八月三日になって、飛鳥へ入京、小墾田宮の推古天皇に面会して、隋の皇帝・煬帝《ようだい》の国書を手渡すことになった。

裴世清一行は大和川を船で上ってきたらしい。朝廷は、海石榴市《つばきいち》（桜井市金屋付近）に飾馬《かざりうま》七五匹を遣わして、一行をにぎにぎしく出迎えた。小墾田宮で国書を受け取るときは、皇子、諸王、諸臣らが冠位通りの衣服で正装、冠には正月しかつけない金の髻花《うず》を挿して参列した、と書紀は伝える。

隋使らは信物（贈り物）を庭上に置き、裴世清がみずから捧げ持つ国書を阿倍臣が進み出て受け取り、次いで大伴《おおともの》囓連《くいのむらじ》が迎え出て受け、大門の前の机の上に置いて天皇に奏上した——と書く。

「小治田宮」の墨書土器（明日香村教育委員会提供）

こうした記述から、小墾田宮推定地の発掘調査にあたった木下正史氏は、小墾田宮は、南門を入ると公的儀式に用いられる「庭」（南庭、朝庭）があり、その北側に「大門」（閤門《こうもん》）、その奥に天皇の御座所である「大殿《おおとの》」がある構造だった、と推測している。「庭」は後の藤原宮や平城宮における朝堂院に、「大殿」は内裏《だいり》に当たるものと考え、木下氏は「小墾田宮の中心部分は律令体制が確立した奈良時代の本格的な宮殿の中心部分とかなり近い構造をもち、それに継承される原型がすでに成立していたとみられる」（『飛鳥・藤原の都を掘る』吉川弘文館）と述べている。

小墾田宮は、「国家の原点」でもあった。

4 上宮《かみつみや》——聖徳太子の時代

推古《すいこ》元年（五九三）夏四月、厩戸豊聡耳《うまやどのとよとみみ》皇子を皇太子に立てた。政務を総裁させ、国政執行のすべてをゆだねた。

皇子は橘豊日《たちばなのとよひ》天皇（用明《ようめい》天皇）の第二子で、母の皇后は穴穂部間人《あなほべのはしひと》皇女だった。出産の日、皇后は厩《うまや》の戸に突き当たり、苦しむこともなく急に出産した。

皇子は生まれてすぐことばを話し、聖人のような知恵をもっていた。成人してからはいちどに十人の訴えを聞き、まちがいなく判断、これから起こることも前もって知ることができた。仏教を高麗《こま》の僧、慧慈《けいじ》に学び、儒教を博士の覚哿《かくか》に学び、それぞれを極めた。

父の天皇はこの皇子を愛し、宮の南の上殿《かみつみや》に住まわせた、そこで皇子の名をたたえて上宮厩戸豊聡耳《かみつみやのうまやどのとよとみみ》太子と申し上げる。

〈巻第二十二・推古天皇〉

摂政《せっしょう》・聖徳《しょうとく》太子の誕生である。

推古女帝は聖徳太子に国政のすべてをゆだね、推古朝の政治は古代史に画期を生み出した。もちろん、ライバル物部《もののべ》氏を倒して大権勢を確立した蘇我馬子《そがのうまこ》が政治に口差ししなかったはずはない。推古と太子と馬子の共同執政が行われたとみなすべきだろうが、推古朝の政治にとって太子の存在は大きかった。

推古二年（五九四）に「三宝興隆」の詔を出して仏教国家への歩みをはっきり打ち出したばかりでなく、同十一年（六〇三）には「冠位十二階」を制定し、翌年には「憲法十七条」をつくった。教科書にも必ず登場する内政の諸政策である。

「冠位十二階」は、大徳、小徳、大仁《だいにん》、小《しょう》仁《にん》、大礼《たいらい》、小礼《しょうらい》、大信、小信、大義、小義、大智、小智の十二からなる位階制。色の違う絁《あしぎぬ》でつくった冠を標識とした。

井上光貞氏によると、それまでの姓《かばね》は氏に授けられ、同一氏族員は同じ姓を称したのに対し、冠位は個人に授けられたところに大きな特徴があった。姓はなおも生き続け、古い族制的秩序も引き続き重んじられたものの、王権に対する個人の功労の大小による秩序、官人的秩序とも呼ぶべきものを重んじようとする政策意思がはっきりみられる、という。

「以和為貴（和をもって貴しとなす）」の書き出しで始まる「憲法十七条」はあまりにも名高い。偽作説、つまり後世の作との考え方もなくはないが、書紀は、太子みずから作った、と書く。

一条—あつく仏教を信仰せよ。三条—天皇の命に必ず従え。四条—礼法をものごとの基本にせよ。五条—訴訟を公明に裁け……。儒教的要素が濃い。その実践のために仏教への帰依の必要性も説く。

井上氏は、君・臣・民のうちの中間にある「臣」に対して、国家の臣僚として行うべき道徳と従うべき規律とをさとしたものだった、とみなす。（『日本の歴史—飛鳥の朝廷』小学館）

遣隋使派遣

中国との外交、遣隋使《けんずいし》の派遣についても忘れてはならない。

遣隋使は、『隋書』には六〇〇年に日本の使節が入朝したという記録もあるが、『日本書紀』では推古十五年（六〇七）の小野妹子《おののいもこ》の派遣を最初とする。通事《おさ》（通訳）は鞍作福利《くらつくりのふくり》だった。当時、中国では隋（五八一—六一九年）が大帝国を築き上げていた。

妹子は皇帝・煬帝《ようだい》に面会し、国書を奉った。「日出ずる処の天子、書を日没する処の天子にいたす。つつがなきや云云」の書き出しで始まる有名な国書である。煬帝は激怒した。「蛮夷《ばんい》の書、礼を無《な》みする者あらば、また以て聞するなかれ」。「天子は世界にただ一人」とする中国皇帝には許しがたい文面だった。

しかし日本にとっては、「朝貢《ちょうこう》」し、「上表《じょうひょう》」して「冊封《さくふう》」を求めた邪馬台国の時代や「倭《わ》の五王」の時代とは異なり、中国外交を対等な立場で進めようとした最初だった。

隋は東方政策の上で日本を無視し難い状態にあったのか、結局、裴世清《はいせいせい》を使節として送る。翌年、妹子とともに来日した。飛鳥入京のときは、海石榴市《つばきいち》（桜井市金屋付近）に飾馬《かざりうま》七十五匹を仕立ててにぎにぎしく迎え入れたことは、「3 小墾田」編ですでに書いた。

裴世清一行が帰国する際、小野妹子は再び隋に渡り、八人の留学生も同行した。留学生らは帰国後、さまざまな分野の指導者として活躍した。そのなかには、大化の改新（六四五年）のブレーンとなった高向玄理《たかむくのげんり》、僧旻《そうみん》、南淵《みなみぶちの》請安《しょうあん》らもいた。

遣隋使は遣唐使に引き継がれ、平安初期に

三輪山のふもと、初瀬川のたもとの海石榴市推定地
（桜井市金屋）

菅原道真《すがはらのみちざね》の建議で中止されるまで続く。派遣回数は合わせて二十回に及ぶ。中国の進んだ知識、制度、文物を導入し、飛鳥・奈良時代の政治、経済、文化の礎となった。

上宮太子

聖徳太子は、幼少年期を「上宮」で過ごした。用明《ようめい》元年正月条に「この皇子、初め上宮に居た。後に斑鳩宮に移られた」とある。

上宮は「宮の南」にあったとされ、用明天皇の池辺双槻宮《いけべのなみつきのみや》の南にあった、と考えられている。しかし、その場所ははっきりしない。池辺双槻宮は、大津皇子の辞世の歌で名高い磐余池か、履中《りちゅう》天皇が両枝《ふたまた》船を浮かべて船遊びをしたと伝える磐余市磯池《いわれいちしのいけ》か、磐余地方にあった大きな池のほとりにあったと推測されるが、これらの池の所在地は分かっていない。

昭和六十二、三年に、桜井市上之宮で同市教委によって検出された宮殿風邸宅遺構が「あるいは」と注目された。

四面庇《ひさし》の正殿《せいでん》と脇殿《わきでん》があり、二重の囲い施設を伴う六世紀後半から七世紀初頭ごろの居館遺構だった。馬蹄形《ばていけい》の石組み溝が周囲をめぐる石組み方形池がある特異な園池遺構も見つかった。宮殿と解釈することも可能な遺構、本居宣長も地名などを根拠にこのあたりを太子の上宮と考えていたという。

北五〇〇メートルほどのところに履中天皇の磐余稚桜宮《いわれのわかざくら》跡伝承地である若桜神社があり、磐余の池や池辺双槻宮《いけべなみつき》もこのあたりにあったのかもしれない。ただ、磐余の池の候補地は他にいくつかあり、遺構から西へ約二キロ離れた橿原市東池尻町付近も磐余池の有力候補地で、ほど近く稚桜《わかざくら》神社があり話をややこしくしている。

上宮遺跡の石組み方形池（桜井市上之宮）

橘寺

用明天皇の即位前の宮で、太子生誕の地に建つと伝える、明日香村橘《たちばな》の橘寺付近こそ上宮だったとの考え方もある。

橘寺は聖徳太子一色の寺だ。『日本書紀』によれば、推古十四年（六〇六）、太子は天皇に「勝鬘経《しょうまんきょう》」を講じた。どこで講じたか書いていないが、寺伝では、この地で三日間にわたって講讃したところ、蓮《はす》の花が天から溢《あふ》れ落ちてきて積もり、南の山に千の仏頭が現れ、太子の冠から日月星の三光が輝いた、という。

橘寺の正式名称は「仏頭山上宮院菩提寺」。「勝鬘経」を講義する太子三十五歳像を本尊とする。境内にはいま、「三光石」が置かれ、太子が乗った「黒駒」のブロンズ像がある。

発掘調査で、東面して中門、塔、金堂、講堂が一直線に並ぶ四天王寺式伽藍《がらん》配置だったことが明らかになっている。はっきりした造営年は不明だが、七世紀の建立は確実なところ。天武《てんむ》天皇九年（六八〇）紀にも「橘尼寺」がみえる。

奈良時代以降に衰微したらしい。天平年間に多くの仏像や宝物が法隆寺に献納された記録がある。落雷や戦火で次々と堂塔を失ったが、五重塔は平安時代末まで残っていたらしい。いまある建物はすべて江戸時代以降のもの。それでも、明日香村内では最も整った伽藍を残す寺院で、多くの飛鳥めぐりの人々と太子ファンが訪れる。

太子の斑鳩

書紀の推古九年（六〇一）条に「皇太子、初めて宮室を斑鳩に興てたまう」とある。斑鳩に住んだ太子はまもなく、宮殿に隣り合わせて斑鳩寺を建立した。斑鳩宮も斑鳩寺も現法隆寺の境内地にあった。七世紀初頭、矢田丘陵の南麓、大和平野を見晴らす南向きの緩《ゆる》やかな傾斜地に「斑鳩文化」が花開いたのである。

太子が斑鳩に移った理由についてには、蘇我氏が支配する飛鳥の地を離れて理想郷づくりを目指した▽政治から退くためだった▽妃の菩岐岐美郎女《ほききみのいらつめ》の出た膳氏の本拠地を選んだ──など、古くからさまざまな推測が行われてきた。最近では、大和川水運や竜田道を通じて大和の外港・難波津《なにわのつ》に直結する立地、大和の門戸にあたる立地に注目する見方が台頭している。太子の外交重視の結果、との解釈だ。

飛鳥と斑鳩を結んだ「太子道」があった、と伝承する。北側で西に二〇度ほど振る斜めの道だった、といわれる。「筋違道《すじかいみち》」とも呼ばれる。三宅町や田原本町などに、その痕跡といわれる斜めの道が現存する。三宅《みやけ》町屏風《びょうぶ》は、休憩した太子の御座所に屏風を立て掛けたのが村の名の起こりと伝承、太子の「腰掛石」なども伝わる。

伝承や説話の真偽はともかく、斜めの道は、東西南北が正確な大和条里が整備される以前からあった道らしい。「斜め」なのは、自然地形によるものだろう。大和盆地の中央部から南東部にかけては、大和川の初瀬川、寺川、飛鳥川が東南から北東に向かって流れる。三つの川の流れに平行して半島状の微高地が斜めに突き出し、その上に道がつくられた。盆地の真ん中を貫き、飛鳥と斑鳩を結んでいた幹線道路が、三宅町や田原本町に残る「太子道」ではなかろうか。

法隆寺境内から発掘された斑鳩寺の跡と考えられる若草《わかくさ》伽藍は、北で西に約二〇度振っていた。東院の下層から発見された斑鳩宮の跡とされる遺構も一一度四〇分斜めに振っていた。明日香村の向原《こうげん》寺境内から見つかった豊浦《とゆら》宮の跡とみられる遺構も北で西に約三〇度振っていた。

七世紀前半の大和盆地では、やや斜めながら南に磐余と飛鳥、北に斑鳩の二つの拠点を置いた都京づくりを進めようとしていたのかもしれない。盆地全体を都京とみなす壮大なスケール。もちろんその視線の先には、中国をはじめ「世界」があった。聖徳太子の時代とはそんな時代だった。

太子道（三宅町）

ワン・ポイント

法隆寺再建論争

『日本書紀』の推古九年（六〇一）二月条に「皇太子、初めて宮室を斑鳩《いかるが》に興てたまう」とあり、同十三年（六〇五）十月条に「皇太子、斑鳩宮に居す」とある。内政、外交の重大施策と相前後する時期に、太子は斑鳩に移った。三十歳を越えたころだったとみられる。

斑鳩に住んだ太子は、宮殿に隣り合わせて斑鳩寺（法隆寺）を建立した。推古十四年、太子は「勝鬘経《しょうまんきょう》」に続いて「法華経《ほけきょう》」を講じた。その謝礼として女帝から贈られた播磨《はりま》国（兵庫県）の水田百町を「斑鳩寺」に施入した、という記事があり、ほどなく斑鳩寺の建立が始まったことが分かる。法隆寺金堂・薬師如来像の光背銘《こうはいめい》には、同十五年（六〇七）に完成した、と記す。

太子は日本の仏教興隆の礎を固めた。西日本各地に四十六カ寺を建立したとの伝えもある。仏教のパトロンとしても偉大な存在だったことは疑う余地がないだろう。その太子の仏教の拠点は、いうまでもなく斑鳩寺だった。

斑鳩寺は法隆寺だ。しかし、太子の法隆寺は、「世界最古の木造建築」として名高い、いまの法隆寺ではない。『日本書紀』の天智九年（六七〇）条に「法隆寺炎《ひつけ》り。一屋も余ること無し。大雨ふり、雷なる」とあり、太子の法隆寺は数十年にして炎上してしまったことを伝える。

ところが建築史学では、現法隆寺の金堂、五重塔など西院伽藍の主要建築は、中国六朝《りくちょう》の影響を受けた推古朝の飛鳥様式とするのが〝常識〟だった。七世紀はじめの建築、世界に誇る飛鳥様式であり、炎上した後に再建された七世紀末以降の建物ではありえない、というのが美術史の様式論の立場だった。

その解釈では、『日本書紀』の記事はまったくのウソということになる。明

法隆寺西院伽藍。金堂と五重塔

治二十年代から再建・非再建論争がわき上がった。

「非再建」の平子鐸嶺氏や関野貞氏らは、様式論に加えて高麗尺《こまじゃく》使用の事実などを根拠に書紀の「炎上」の記事を否定する論陣を張った。これに対し、管政友氏や喜田貞吉氏は「再建」を主張した。

「焼失したのは薬師仏を本尊とする伽藍《がらん》のみ、釈迦三尊の西院伽藍は焼けずもとのまま」とする足立康氏の「新非再建論」など、さまざまな学説や見解や推論も登場、〝百年論争〟といわれた。

決着をつけたのは考古学調査だった。

普門院の南、南面大垣との間に巨大な塔心礎がある。「若草の礎石」と呼ばれてきた。寺外に流出していたのが昭和十四年

若草伽藍塔跡の発掘調査（１９６８年、奈良文化財研究所提供）

（一九三九）、もとの場所に戻ることになり、このとき、石田茂作氏や末永雅雄氏によって一部が発掘調査された。一列に並ぶ四天王寺式の塔と金堂の跡が確認され、「若草伽藍」と呼ばれるようになった。

同四十三年（一九六八）と四十四年に国によって再調査され、伽藍の中軸線が磁北から西に約二〇度振れることなどが明らかになった。

さらに、同五十七年（一九八二）に寺域を囲む北の柵列と西の柵列が発見され、「若草伽藍」の範囲が確定した。また、西柵列の外側を流れていた人工河川跡が西院伽藍の下にもぐり込んでいる事実が判明、西院伽藍は若草伽藍の一部を埋め立てて造営されたことが明らかになった。くすぶり続けていた「非再建」の立場の二寺併存説も退けて、「再建論」を完全に実証する成果となった。

飛び抜けて古い五重塔心柱材

平成十三年（二〇〇一）、奈良文化財研究所埋蔵文化財センターの光谷拓実氏による「年輪年代法」により、五重塔心柱の伐採年が推古二年（五九四）であることが明らかになった。最初の法隆寺（斑鳩寺）のために切られた資材と考えてもおかしくない、古い心柱が用いられていたのである。否定されたはずの「非再建論」の〝亡霊〟が姿を現したような測定結果だった。

ただ、引き続き五重塔の心柱以外の部材と金堂、中門の古部材を「年輪年代法」で調べたところ、いずれのヒノキ材やスギ材も天智七年（六六八）以降に伐採されていたことが判明、五重塔心柱の用材だけがなぜか、飛び抜けて古いことが分かった。

これについて、「転用説」や「原木保存説」などが飛び交い、新たな論争を呼んでいる。「転用説」の中には、飛鳥寺など飛鳥の寺院から運んだとする見方、若草伽藍の焼け残りとの考え方などがある。一方、「保存説」も、五九四年に「仏法興隆の勅」が出たので多くの用材を調達していたのを利用した、財政困窮で古材を使わざるを得なかった――など解釈はさまざま。「年輪年代法」を信じない向きもある。

「若草伽藍は太子の霊を慰めるために建立された寺、太子の建てた先行伽藍が、まだどこかに埋まっているはず」とする「三建説」などもあり、世界最古の木造建築にまつわる謎はなお、多くて、深いのである。

5 桧隈《ひのくま》―渡来人の里

推古《すいこ》二十年二月、推古天皇は亡き母、堅塩《きたし》媛を桧隈大陵《ひのくまのおおみささぎ》に改葬した。軽《かる》の路上で誄《しのびごと》（死者の霊に弔辞を述べる儀式）を行った。霊前に供えた明器《みけもの》（祭器）や明衣《みけし》（死者に着せる衣服）は一万五千種に上った。蘇我大臣馬子《そがのおおおみうまこ》も、一族を引き連れて参列した。

推古二十八年十月、桧隈陵《ひのくまのみささぎ》を改修してさざれ石（小石）を葺《ふ》いた。陵域の周囲に土を山盛りにし、氏ごとに大きな柱を建てさせた。倭《やまとの》（東）漢坂上直《あやのさかのうえのあたい》の建てた柱が最も大きかった。人々は坂上直のことを大柱直《おおはしらのあたい》と呼んだ。

〈巻第二十二・推古天皇〉

推古二十年は六一二年、推古二十八年は六二〇年のことだった。「桧隈大陵」と「桧隈陵」は、五七一年に亡くなった欽明《きんめい》天皇の「桧隈坂合陵《ひのくまのさかあいのみささぎ》」のこととされる。

本当の欽明陵

桧隈坂合陵は現在、高市郡明日香村下平田にある梅山古墳に治定されている。全長一三八メートルの前方後円墳。すぐ西側にある小さな陪塚には、飛鳥の謎の石像物の一つ、猿石四体が置かれている。

一方で、その北方約八〇〇メートルにある

見瀬丸山《みせまるやま》古墳を坂合陵、つまり欽明陵とみなす考えもある。

見瀬丸山古墳は、橿原市見瀬町、大軽町、五条野町にまたがって横たわる巨大前方後円墳。全長三一八メートルを測る。「とにかく大きな墓を造ろう」という時代が過ぎた六世紀の後期古墳でありながら奈良県下で最大、全国でも第六位の大きさだ。後円部には、南面する巨大な横穴式石室が残る。直径五メートルほどもある巨石を積み上げて造り、玄室と羨道部を合わせた長さは二六メートルを超える。石舞台古墳などをしのぎ、全国最大規模だ。

どちらが本当の欽明陵だろうか。研究者の間でも意見が分かれてきた。

どちらかといえば見瀬丸山古墳が優勢だ。その巨大な姿が、在位期間（書紀では三二年、「両朝対立説」では約四〇年）が長かった大権力者のイメージによく合う。

供えられた明器、明衣が一万五千種という追葬儀式の盛大さは、見瀬丸山古墳の巨大さとよく符合する。追葬儀式の場は「軽《かる》の路上」だったことも見瀬丸山に有利だ。同古墳のある橿原市大軽町付近がその「軽」の地の推定地であり、大和盆地を南北に貫いていた古代幹線道路の下ツ道はここを南の起点としていた。

同古墳の西方約二〇〇メートル、近鉄岡寺駅すぐ西側の高取川沿いの高台に牟佐坐《むさにいます》神社がある。近世には境原《さかいばら》天神と呼ばれ、付近は孝元《こうげん》天皇の軽境原宮《かるのさかいばら》跡と伝承する。本居宣長《もとおりのりなが》の『古事記伝』によると「境は坂合」、その通りならこれもまた、見瀬丸山古墳が欽明の坂合陵である傍証となる。

しかし、見瀬丸山古墳には葺石《ふきいし》があったようすがない。これに対して、梅山古墳の方は、いまも周濠の外からもみごとな葺石が見える。蒲生君平《がもうくんぺい》の『山陵志』などによると一メートル近い厚さの小石で覆われているという。さざれ石を葺《ふ》いたと記す推古二十八年の改修記事から見れば、明らかに梅山古墳が有利だ。

猿石。欽明天皇陵（梅山古墳）西側の陪塚（吉備姫王墓）にある

異国ムードただよう猿石《さるいし》についても、改修時に大活躍した東漢氏《やまとのあや》傘下の渡来人が陵の守りに置いた、とも推測できる。「桧隈」の範囲を見瀬丸山まで含めるのを疑問視する見解もあるが、梅山はまさに「桧隈」に位置する。

東漢氏の拠点

桧隈の里は明日香村南部一帯をいう。天《てん》武《む》・持統《じとう》陵の桧隈大内《ひのくまのおおうち》陵（明日香村野口）、壁画で名高い高松塚古墳（特別史跡＝同村上平田）とキトラ古墳（同村阿部山）、八角形墳の中尾山古墳（史跡＝同村上平田）など、飛鳥時代を代表する古墳が集中する地域として知られる。

『日本書紀』によると、雄略《ゆうりゃく》天皇十二年の夏四月、桧隈博徳《ひのくまのはかとこ》と身狭村主青《むさのすぐりあお》が呉《くれ》の国に遣わされた。二年後の十四年春正月、手末《たなすえ》の才伎《てひと》、漢織《あやはとり》、呉織《くれはとり》、衣縫《きぬぬい》の兄媛《えひめ》・弟媛《おとひめ》らを連れて、呉国の使者とともに帰国した。やってきた呉人らを「桧隈野」に住まわせ、その地を呉原《くれはら》と名づけた——という。

織物に関係する技術者の渡来のことは応神紀《おうじん》にも出ている。応神天皇三十七年に、阿知使主《おちのおみ》と都加使主《つかのおみ》の父子を呉《くれ》に遣わして、縫工女《きぬぬいめ》を求めさせたところ、呉王は、兄媛《えひめ》、弟媛《おとひめ》、呉織《くれはとり》、穴織《あなはとり》の四人の婦女を与えた——というのである。

二つの記事はよく似た内容なので重複とも考えられる。また、呉国を中国の呉国（春秋時代の呉は前六～五世紀、三国時代の呉は三世紀）とするにはあまりに時代がずれることから、呉は高句麗《こうくり》の「句麗」のことだといわれたりする。しかし、いずれにしても、五世紀ごろ、大陸あるいは半島から、後に「呉服」と呼ばれることになる織物関係の技術をもった人々が多く渡来し、いまの明日香村から橿原市にかけての地域に定住した事実を伝えるものとみていい。

阿知使主と都加使主父子を祖とする東漢氏は、秦《はた》氏、西文《かわちのあや》氏、船《せん》氏などとともに渡来系氏族の代表格だった。

書紀によると、父子は応神天皇二十年に「党類十七県の人々」を率いて渡来してきた、とされている。どこからとは書いていないが、一族郎党を引き連れて大挙、渡来してきたものと考えられる。

明日香村桧前《ひのくま》には東漢氏の氏寺だった桧隈《ひのくま》寺跡があり、同じ場所に阿知使主《あちのおみ》を祭神とする於美阿志《おみあし》神社がある。神社の境内には、平安時代末の建立とされる十三重石塔（重文）が、「渡来人の寺」の象徴としていまに残る。「於美阿志」は「使主阿知《おみあち》」が転じたものといわれる。

桧隈寺跡は、奈良文化財研究所による発掘調査で、西に門、北に講堂、南に金堂を配し、それぞれを回廊でつないで真ん中の塔を囲む、類例のない奇異な伽藍《がらん》配置だったことが明らかになっている。また、講堂の基壇は、瓦を積んで周囲を化粧する珍しいものだったことも分かった。七世紀後半の建立らしい。

隣接して栗原《くりはら》の集落がある。集落の名は「呉原」の名残ともいわれる。ムラのまん中に呉津彦《くれつひこ》神社がある。東漢一族の中の有力氏族である坂上《さかのうえ》氏が建立したと伝える栗原（呉

桧隈寺跡。阿知使主《あちのおみ》をまつる於美阿志《むみあし》神社がある

原）寺もあった。東漢氏の一族、平田氏の氏寺だったらしい定林《ていりん》寺の跡（史跡）も、北東一キロあまりの同村立部にある。

古代を支えた渡来人

「渡来人」は、飛鳥・奈良時代の歴史を考える上で絶対に見落とすことはできない。

「2真神原」編で書いたように、わが国最初の本格的寺院、飛鳥寺の造営は、百済から渡ってきた寺工《てらのたくみ》、鈩盤《ろばん》博士、瓦《かわら》博士、画工《えかき》らが主体となって進められた。同寺の本尊を、みごと堂内に入れる手柄を立てたのは、渡来系の仏師、鞍作鳥《くらつくりのとり》（止利仏師）だった。

聖徳太子の死去（六二二年）にあたり、妃の橘大郎女《たちばなのおおいらつめ》の発願で作られたのが、いま中宮寺（斑鳩町）に伝わる天寿国繍帳《てんじゅこくしゅうちょう》（国宝）。この下絵を描いたのは、東漢末賢《やまとのあやのまつけん》、高麗《こまの》加西溢《かせい》、漢奴加己利《あやのぬかこり》とされるが、名前からみても渡来人だったことは間違いない。

時代は下るが、匂《にお》うがごとき天平《てんぴょう》文化の華、東大寺大仏の鋳造を指揮したのは国公麻呂《くにのきみまろ》という人物。彼の祖父は、六六三年に渡来した国骨富《こくこっぷ》という百済の官人だった。

渡来人らは、土器作り、機織《はたおり》、建築、造船、馬具作りなどの技術を伝え、鉄器生産や仏像制作に活躍し、文筆や会計や通訳に力を発揮した。古代日本では、技術や知識に関することのほとんどは渡来人に負っていたと言っていいかもしれない。渡来人らは、古代のハイテク産業の担い手であり、文化、文明をリードした知識階級だった。

政治や外交、軍事面での活躍も少なくな

い。平安遷都は京都盆地に勢力を張っていた秦氏との関係を無視しがたい。また、その遷都を断行した桓武《かんむ》天皇の母、高野新笠《たかののにいがさ》は、百済からの渡来系氏族、和《やまと》氏の出身だったことが『続日本紀』の記事から明らかで、皇室の血脈ともかかわる。

桧隈の里。手前は桧前川

　上田正昭氏は、〝渡来のうねり〟の大きな高まりを、弥生時代、応神《おうじん》朝あたりの五世紀前後、雄略《ゆうりゃく》朝と欽明《きんめい》朝を中心とする五世紀末から六世紀前半、天智《てんじ》朝前後の七世紀後半の四時期とみなす。

　時代が下るにつれ、漢人の祖先を後漢・霊帝としたり、秦人の祖先を秦《しん》の始皇帝とするなど、渡来人らの出自を中国に求める傾向が強まった。これについてもさまざまな見解があるが、実際は、ほとんどが朝鮮半島から渡ってきたとみなした方がいいようだ。『日本の中の朝鮮文化』で知られる金達寿氏は

「あや（漢）は半島南部の小国だった安羅《あら》、安《あ》那《な》からきたもの。秦氏は新羅出身」と主張した。

他姓の者は一、二なり

新しく渡来した人々を指して「いまきのあやひと」や「いまきのてひと」という呼び方があった。高市郡、いまの橿原市、明日香村、高取町あたりは、かつて今来郡と呼ばれた。

平安初期に編さんされた『新撰姓氏録《しんせんしょうじろく》』によると、東漢氏は、都加使主《つかのおみ》のあと多数の氏族に分かれ、奈良時代後半には六十一氏を数えた。なかでも最も栄えたのが軍事に通じていた坂上氏で、最初の征夷大将軍として名高い坂上田村麻呂《さかのうえのたむらまろ》を輩出する。

奈良時代末の七七二年、田村麻呂の父、坂《さか》上苅田麻呂《のうえかりたまろ》が「高市郡内には他姓の者は十にして一、二なり」と言上したという記事が『続日本紀《しょくにほんき》』にみえる。高市郡の人口は、八、九割までが東漢氏系の渡来人で占められていた、というわけだ。

東漢氏や坂上氏は、その高市郡のど真中、桧隈の里を拠点とし、ハイテク集団を統率し、中央政界でも重要な立場を占めた。七世紀史の中心舞台となる「飛鳥」は、東漢氏を中心とする渡来人らによって切り開かれたのだった。

「あすか（飛鳥）」というのも、もとをただせば安宿を朝鮮語でアンスク・アスク（安宿）といったことからきたもの」（『日本の中の朝鮮文化3』）と金達寿氏は推定した。

ワン・ポイント

桧隈の範囲

高市郡高取町の薩摩《さつま》遺跡から二〇〇八年度の第八次調査で出土した木簡に、「檜《ひの》（桧）前主寸《くますぐり》」の名前があった。奈良時代末から平安時代初めごろに築造されたとみられる灌漑用ため池を作った人物名とみられている。

木簡は、ため池が完工した際にとり行われた何らかの祭典で用いられた木札らしい。次のような墨書があった。

〈表〉　田□□前□申此池作了故神
　　　　癸應之波多里長檜前主寸本為
〈裏〉　□□□遅卿二柱可為□

発掘調査した橿原考古学研究所は、和田萃・京都教育大名誉教授らの協力を得て次のように読み下した。

「田領《たつかさ》の卿《きみ》の前に…申す。此の池造り了《をわ》んぬ。故に神発《あらわ》れ應《こた》ふ。波多里長《はたのりちょう》檜《ひの》前《くま》主寸《すぐり》本為《もとな》す。…と□遅卿の二柱、□たるべし」

波多の里

「完成したこの池は、波多の里を治める檜前主寸（村主）が造ったものだ」ということを神に報告する内容と考えていい。祭典を執り行い、報告した人は檜前主寸その人だったかどうか、は少し疑問がある。

薩摩遺跡から出土したため池の木樋

「波多」は、ため池があったあたりの古地名らしい。平安時代の文献から高取町付近に「東大寺領波多庄」や「高市郡八多庄」があったことが分かり、鎌倉時代の文献には「波多小北庄」も見える。「畑ノ庄」という小字名がいまに残る同町市尾あたりが「波多」の中心部と考えられてきた。ため池は市尾地区の北に隣接する薩摩地区にあったが、古代の「波多」の範囲はかなり広かったことを示唆する。高取町の旧船倉村、旧越智岡村あたり一帯に広がり、曾我川の支流が形成する小盆地全体を指していたとみていいようだ。

『日本書紀』によると、推古十九年の五月五日、菟田野《うだの》で薬猟《くすりかり》を催した。強精剤にする鹿の若角を取るのが主な目的だったようだが、女性も参加して薬草採取も行ったらしい。いまの宇陀市あたりで行われた最初の薬猟の記述としてよく知られるところだが、翌二十年の五月五日には、羽田に集まって薬猟を催した。人々は列をなして天皇のもとに集まった、と記す。この羽田は、木簡に見えた「波多」と同じ高取町付近の地名を指すものと考えられる。

ちなみに、高取町はいまも「くすりの町」として知られる。江戸時代以降、越中・富山のくすりとともに全国津々浦々に普及した「大和売薬（家庭配置薬）」の拠点だった。

出土木簡は、古代の高市郡の波多を考える上でも貴重な史料の出現となった。

高取町薩摩のため池が築造された奈良時代末から平安初期は、「墾田永年私財法」（七四三年）が出されて、各地で新田開発、荘園開発が盛んに進められた時代だった。河川による灌漑《かんがい》が困難だった場所でも、ため池の築造によって次々と新田が開かれたようだ。橿原市の益田《ますだ》池、大阪府の狭山《さやま》池、香川県の満《まん》濃《のう》池などの巨大灌漑用ため池もみな、この時代に造られた。ため池を造ったは波多の里の里長だった。村長のような立場だったのだろう。あるいは、波多の新田開発の任務を終えて里長になったのかも知れない。

今来郡

木簡の人物、檜前主寸は、高市郡を拠点に、さまざまなハイテク技術を駆使して飛鳥の政権を支えた渡来系氏族、東漢《やまとのあや》氏の一族の桧前《ひのくま》氏の一人だったとみられる。

「5　桧隈」編で書いたように、東漢氏は、応神《おうじん》朝に「党類十七県の人々」を率いて渡来してきた阿知使主《あちのおみ》・都加使主《つかのおみ》父子の末裔とされる有力渡来人集団で、飛鳥の「桧隈《ひのくま》の里」を拠点とした。やがて多数の氏族に分かれ、平安初期に編さんされた『新撰姓氏録《しんせんしょうじろく》』によると、奈良時代後半には六十一氏を数えたというが、桧前氏もその中の一族とみていい。拠点の「ひのくま」を名乗るほどだから、それなりの氏族だったのだろう。

古代の桧隈《ひのくま》（桧前）の範囲は、いまの明日香村桧前《ひのくま》地区に限定されるような狭いものではなかったようだ。同村野口には天武《てんむ》・持統《じとう》天皇の桧隈大内陵《ひのくまのおおうち》があり、同村下平田には欽明《きんめい》天皇の桧隈坂合陵《ひのくまのさかあい》がある。さらに橿原市の見瀬町、大軽町、五条野町に横たわる見瀬丸山古墳こそ本当の桧隈坂合陵とする説もあり、橿原市域も含めたかなり広い地域が桧隈の範囲だった可能性がいわれてきた。

薩摩遺跡出土の木簡は、東漢一族の中の桧前氏の広がりとともに、桧隈地域の範囲が高取町域にも及んでいたことを示唆することになった。

坂上苅田麻呂の上奏文によると、高市郡の人口の八、九割までが東漢・坂上氏系の渡来人で占められていた、というが、古代の高市郡は、現在の橿原市、明日香村、高取町などを含む地域で、「今来郡《いまき》」とも呼ばれていた。桧隈イコール高市郡であり今来郡だったと考えてもいいのではないか、と思う。

高取町教委が二〇〇八年度に実施した薩摩遺跡の発掘調査では、半島渡来の大壁《おおかべ》建物（壁面全部が土壁の建造物）遺構が五棟も出土した。ここ数年、同町内で

高取町教委が制作した大壁建物の復元模型

同様の大壁建物遺構の発見が相次いでおり、出土数は三〇棟を超える。中には、オンドル施設を伴った遺構も発掘されており、同町付近には、多くの半島からの渡来人が住み着いたことをうかがわせる。

ひのくま（日前）は山の西側？

「桧隈」の「隈」は「すみ」。『広辞苑』には「囲まれた区域のかど」とある。「奥まって隠れた所」「物陰になって暗い所」「かげ」「かたすみ」などとも解説する。疲れた時に目の周囲につくるクマをなぜクマというか、この解説を読むとよく納得できる。

「ひのくま」は「日前」とも書く。「日（太陽）の前」がかげと同義のクマであるというのは少し考えるとおかしいことだが、日の出の時、日（太陽）の手前に山があれば日のかげ＝クマになる。日が昇るのは東だから、山の西側は日かげ、日のクマ＝「日前」だったのではなかろうか。

明日香村西南部や高取町は、竜門山塊のちょうど西にあたる。いまの明日香村桧前地区は西のふもとの奥まった谷あいにあるのだが、本来の「日前」はもっと広く、竜門山塊の西側一帯を指した呼称ではなかったかと思う。

ちなみに、竜門山塊の東側の宇陀は「ひむがし」だった。かの柿本人麻呂は、安騎野の夜明けを「東《ひむがし》の野にかぎろひの立つ見えて　かへり見すれば月傾きぬ」と詠んだが、「ひむがしの野」は「日向の野」ではなかっただろうか。

山をはさんで東は「日向」、西は「日前」。九州で、阿蘇山をはさんで東が日向《ひゅうが》、西が球磨《くま》（熊本）だったのも同じ意味あいからではなかったか、とひそかに思っている。

朝日を浴びる棚田。東側の斜面は日かげになる（高取町森付近）

6　大野岡《おおのおか》——推古女帝と竹田皇子

　見瀬丸山古墳は、奈良県下最大の古墳。橿原市の見瀬、大軽、五条野の三町にまたがる。大きすぎて全体の形が見落とされたのか、後円部の頂上付近だけが陵墓参考地に指定され、森になっている。前方部は家や畑になり（史跡として公有化も進む）、一部は国道に削られている。

　後円部に、南面する巨大な横穴式石室がある。かつては開口していて、自由に出入りできたらしいが、いまは鉄条網が巡らされ、入ることはできない。直径五メートルを超える巨石を積み上げ、玄室と羨道を合わせた長さは二六メートルを超える。全国一の大きさ。玄室の中には、巨大な家形石棺が二つある、と伝えられてきた。

　たまたま、平成三年（一九九一）十二月、写真マニアによって撮影された石室内部の写真が、マスコミを通じて公開された。直交して置かれた二基の家形石棺は、見るからに風格があり、威厳に満ちていた。

　この巨大な墓の主は、少なくとも時代の第一人者だったことは疑えない。欽明《きんめい》天皇、宣《せん》化《か》天皇、蘇我稲目《そがのいなめ》などが被葬者候補に挙げられてきた。最近は、欽明天皇陵説でほぼ固まりつつある感がある。

　推古《すいこ》天皇二十年紀に、女帝の母であり、蘇我馬子の姉にあたる堅塩媛《きたし》を欽明天皇の「檜《ひの》隈大陵《くまのおおみささぎ》」に改葬し、二月二十日、軽《かる》の路上で誄《しのびごと》を行った、という記事があることは「5桧隈」編で既に書いた。

誄とは、死者の霊に対し、慕う言葉を述べる儀式。本来は殯宮で行われた儀式だったようだが、改葬に当たり、特別に執行されたものらしい。霊前に備えた明器《みけもの》（祭器）、明衣《みけし》（死者に着せる衣類）は一万五千種に上った、とその盛大さを伝える。

儀式の中で大臣の蘇我馬子は「八腹臣《やはらのおみ》」（蘇我氏の一族）たちを従え登場、境部臣《さかいべのおみ》摩理勢《まりせ》に「氏姓《うじかばね》の本《もと》」（堅塩媛の出身家系、蘇我氏のこと）についても誄《しのびごと》させた、と書いている。推古女帝を押し立ててすでに二〇年、比較的平和な日々が続き、蘇我氏の揺るぎない権勢を世間に誇示するための儀式だったことは明らかだ。

見瀬丸山古墳。前方部から後円部墳丘を望む

堅塩媛を欽明陵へ改葬することは、推古天皇にとっては母を父と同じ墓へ葬ることに

過ぎなかったかもしれない。しかし、蘇我氏にとっては、王権の外戚としての地位を天下に宣言する一大パフォーマンスにほかならなかった。というのは、欽明天皇の正妻にあたる皇后は宣化天皇の娘の石姫だった。馬子はこれを押しのけ、「我が姉の方がエライんだ」とばかりに堅塩媛を追葬したのである。

見瀬丸山古墳が欽明陵なら、二つの石棺のうちひとつは堅塩媛のもの、ということになる。

植山古墳の発掘

平成十二年（二〇〇〇）、見瀬丸山古墳の東約四〇〇メートル、谷をへだてて向かい合う丘陵上にある植山古墳《うえやま》（橿原市五条野町）が、同市教育委員会によって発掘調査された。八月二十六、二十七の両日、現地説明会が開かれ、厳しい残暑の中、一万一千人もの人々が訪れた。赤土の墳丘に登り、じりじりと太陽が照りつける二つの石室をのぞき込んだ。

植山古墳は、東西約四〇メートル（東西両側の壕を含めると約五五メートル）、南北約二七メートルの長方形墳。南側に開口する大きな横穴式石室が二つ設けられた「双室墳」だった。

石室は二つとも花崗岩《かこうがん》の大きな自然石を積み上げて造っていた。遺体を安置する玄室《げんしつ》とその玄室に通じる羨道《せんどう》があった。終末期古墳の一種で、石舞台古墳（明日香村）と同じ構造のいわゆる巨石墳だった。

東側の石室には、凝灰岩《ぎょうかいがん》で造られたくりぬき式の家形石棺が、身《み》、蓋《ふた》とも完形で残っていた。西側石室には、玄室と羨道を仕切る

植山古墳の西石室。推古天皇を葬ったものか

植山古墳の東石室。被葬者は竹田皇子か。現地説明会には１万人以上が訪れた

ドア形式の扉《とびら》があったらしく、凝灰岩で造られた仕切り石（閾《しきみ》石）が残っていた。石棺はなかった。

東側の石棺の石材はなんと「馬門石《まかどいし》」、あるいは「阿蘇《あそ》ピンク石」と呼ばれる、熊本県の宇土半島で産出する阿蘇溶結凝灰岩だった。西側の仕切りの凝灰岩は兵庫県揖保《いぼ》川流域産の「竜山石《たつやまいし》」だった。どちらも、海をわたってはるばる運ばれてきたものらしい。

石室の大きさは、どちらも、羨道を含め長さ約一三メートルを測った。全長一九メートルを超える石舞台には及ばないが、六世紀後半から七世紀初めにかけてたくさん造られた横穴式石室の中でも屈指の大きさといえる。

ちなみに、崇峻《すしゅん》天皇陵の可能性がいわれる赤坂天王山古墳（桜井市）は全長一五メートル、未盗掘で話題になった藤ノ木古墳（斑鳩町）は全長一四・五メートルだった。

橿原市教委は、東石室は六世紀末頃、西石室は七世紀前半頃の築造と推定、「被葬者は、当時（飛鳥時代）の日本で一、二の権力を有していた人物と想定してよい」と発表した。

マスコミは一斉に、「推古天皇とその子、竹田皇子を合葬か」と報道した。百家争鳴になりがちなこうした被葬者推定では珍しく、研究者らからもほとんど異論は出なかった。


「竹田皇子の陵に葬れ」


推古天皇は、三十六年（六二八）二月に病にかかり、翌三月七日に、七五歳で亡くなった、と伝える。

南庭に殯宮《もがりのみや》を設けた。夏四月、雹《あられ》が降った。大きさは桃の実ほどもあった。春から夏にかけ旱《ひでり》に見舞われた。秋九月二十日、喪礼を始めた。群臣たちはそれぞれ、殯宮で誄を行った。

天皇は群臣たちに、

「ここ数年、五穀が実らず、百姓らは大変飢えている。自分のために陵を造って厚く葬ることはしないように。竹田皇子の陵に葬ればいい」

と遺勅していた。

それで、竹田皇子の陵に葬った。

〈巻第二十二・推古天皇〉

竹田皇子は、敏達天皇と推古の間に生まれた皇子だった。

用明天皇二年（五八七）七月の物部守屋《もののべのもりや》討伐戦で、守屋の「渋川《しぶかわ》の家」（東大阪市あたり）を攻めた時の参戦者の中に、泊瀬部《はつせべ》皇子（のちの崇峻《すしゅん》天皇）や厩戸《うまやど》皇子（のちの聖徳太子）らとともにその名がみえる。

その三カ月前の四月、守屋派だった中臣勝《なかとみのかつ》海連《みむらじ》が忍坂彦人《おしさかひこひと》皇子と竹田皇子の像を作り、呪《のろ》い殺そうとした、という記事がみえる。

ところがこれ以後、『日本書紀』から竹田皇子の名前はぷっつり途絶え、再びその名が登場するのが推古天皇の遺勅の中なのだ。物部氏滅亡からほどなく、何らかの理由で亡くなった、と考えざるを得ない。

数少ない記事から、皇子の人となりを推測することは難しい。しかし、推古にとっては、誰よりも愛しい、また忘れられない息子だったことは容易に推測できる。

血脈からいえば、蘇我氏とつながりのある有力な皇位継承者の一人だった。敏達《びだつ》天皇や用明《ようめい》天皇の「次の世代」の皇位継承候補者の中では、忍坂彦人皇子とともに最右翼にあった。だからこそ、物部氏討伐戦争の時はまだ十四、五歳だったとみられるが、穴穂部皇子の支持者だった中臣勝海の呪《のろ》いの対象ともされたのだろう。

蘇我氏にとっては、先の皇后、広姫が産んだ忍坂彦人皇子の即位を阻止して、世間を納得させる天皇を擁立するとすれば竹田皇子以外になかったはずだ。蘇我氏にとっては「希望の星」だったに違いない。

塚口義信氏は、蘇我馬子が、わずか四年ばかりで暗殺してしまう崇峻天皇を擁立したのも、前例のない女性の登極《とうぎょく》（推古天皇の即位）を実現させたのも、非蘇我系の彦人皇子の即位を阻むのが目的だった、とみる。ところが、竹田皇子は既に、何らかの事情によってもはや政界で活躍できないような状態に陥っていたか、亡くなっていたのだろう、と考える。

（『ヤマト王権の謎をとく』学生社）

竹田皇子の死が、五八七年の物部氏滅亡直後だったとすると、六世紀末と推定される植山古墳の東石室の築造時期は、ぴったり合う。

推古天皇が亡くなったのは六二八年で、四〇年ほど後のことだった。西側の石室の築造時期と合致する。

大野岡から科長へ改葬

推古天皇の陵について、『古事記』は「大

推古天皇科長山田陵（大阪府太子町）

野の岡の上にあったのを、後に科長の大きい陵に移した」と書いている。

竹内峠を越えてすぐの大阪府太子町にある長方形の山田高塚古墳（東西約六三メートル、南北約五五メートル）がいま、宮内庁によって推古陵とされている。これが「科長の大きい陵」にあたるとみていい。

一方、改葬前の「大野の岡の上の陵」、つまり竹田皇子とともに葬られた陵こそ植山古墳ということだろう。推古は、父母が眠る見瀬丸山古墳と隣り合わせの場所に、わが子と一緒に永遠の眠りに就くことを希望したということだろうか。

敏達天皇十四年（五八五）、崇仏・排仏論争の中、蘇我馬子が「大野丘の北」に塔を建てたという記事が書紀にみえることは「1 向原」編で触れた。大野丘のあたりは、わが国にもたらされた仏教が迫害にあいながらも少しずつ根を降ろしていったところ、飛鳥の時代を準備する開明派の拠点だった。どのあたりだったのか特定できない謎の地名だったが、植山古墳の発掘は、同古墳のある丘陵が「大野の岡（丘）」であり、付近が「大野」だったという可能性をほぼ確実なものにした。

7 百済川《くだらがわ》——舒明朝の宮と寺

推古《すいこ》女帝は、その三十六年（六二八）三月七日、七五歳で亡くなった。女帝は亡くなる日の前日、田村《たむら》皇子と山背大兄《やましろのおおえ》皇子を呼んだ。

田村皇子には、

「皇位について安易に口にすべきではありません。行動を慎み、よくものごとを見通すように心掛けなさい。軽々しい言動を慎みなさい」

山背大兄皇子には、

「おまえはまだ未熟です。心でこうしたいと思っても、あれこれ言ってはなりません。必ず人々の意見を聞き、それに従いなさい」

〈巻第二十二・推古天皇〉

女帝の遺詔は、どちらの皇子を推挙したのか判断がつかず、半年後に女帝の葬儀が終わっても皇嗣が定まらなかった。大臣の蘇我《そがの》蝦夷《えみし》が群臣を集めて相談したが、意見はまっ二つに割れた。

蝦夷は、内心では早くから田村皇子に決めていたらしい。やがて、山背大兄王を強く推していた一族の境部摩理勢臣《さかいべのまりせのおみ》と対立を深め、攻め殺した。蘇我氏が一族の総力をあげて馬子の桃原墓を造営していた最中の出来事だった。

推古の死から九カ月後、結局、蝦夷の望み

通り田村皇子が即位して舒明天皇となった。

舒明《じょめい》は押坂彦人大兄皇子《おしさかのひこひとのおおえ》の子で、敏達《びたつ》天皇の孫にあたる。押坂彦人大兄皇子は息長《おきなが》氏出身の広姫を母とし、いわゆる息長系。なぜか、蘇我氏の血を引かない皇子を蝦夷は推した。

百済宮と百済大寺

舒明は、即位二年目に飛鳥岡本宮に入った。六年六月、その岡本宮に火災が起こり田中宮に移った。そして、舒明天皇十一年のこととして次のような記事がみえる。

秋七月、天皇は勅を発し、

「今年、大宮と大寺を造らせる」

と言った。

百済《くだら》川の側《ほとり》を宮処《みやどころ》とし、西の民は宮を造り、東の民は寺を造った。書道《ふみのあたい》縣《あがた》を大匠《おおだくみ》（建設責任者）とした。

十二月、百済川の側に九重塔を建てた。


〈巻第二十三・舒明天皇〉

舒明天皇は十三年十月、百済宮で亡くなった。宮の北で殯《もがり》をした、と記す。百済川の側《ほとり》の百済宮で過ごしたのは二年足らずだった。百済川とはどこの川のことをいったのだろうか。その側《ほとり》に造られた百済宮と九重塔（百済大寺）はどこにあったのだろうか。古くから論争が繰り広げられてきた。

候補地の一つが北葛城郡広陵町百済《くだら》の百済寺付近。曽我川と葛城川にはさまれた地、鎌倉時代のものとされる三重塔（重文）が建つ。東側を北流する曽我川は、数多い大和川支流の中でも初瀬川と並ぶ屈指の流れだが、「百済川」と呼称されたこともあったらしい。

もう一つの候補地は、橿原市の香久山北西麓。橿原市高殿町に東百済、百済、西百済の小字名があり、細流ながら「百済川」と呼ばれる川もある。小字百済のすぐ東南の木之本町では、百済大寺のものと考えられなくもない七世紀前半の大ぶりの瓦が大量に出土している。

さらに、平成九年（一九九七）、桜井市吉備《きび》で、百済大寺の跡ではないかと大騒ぎになった廃寺の遺構が出現した。奈良文化財研究所と桜井市教委が掘り出した吉備池廃寺。数年がかりの調査で、金堂と塔の基壇遺構が確認されている。

金堂基壇跡は東西約三七メートル、南北約二八メートルを測り、藤原宮や平城宮の大極殿《だいごくでん》にも匹敵する巨大なものだった。塔基壇跡も一辺約三〇メートル、本薬師寺《もとやくしじ》跡の四倍もの面積をもつ大規模なもので、建っていた塔は奈良時代の東大寺七重塔より高かっただろう、と推測されている。出土瓦も大ぶり、九重塔を備えた最初の勅願寺にふさわしい、とみる研究者が多い。

新しい考古学知見が相次ぐが、所在地論争は必ずしも決着していない。

塚口義信氏は、吉備池廃寺発見以前の見解ながら、曽我川をはさんで西側に百済宮、東側に百済大寺が造営された、と考えた。西側の百済宮が造営された地は現在の広陵町百済の百済寺付近。これに対して東側の百済大寺が造営された地は、曽我《そが》川の東側にあたる橿原市飯高《ひたが》町付近と推定する。宮は百済川（曽我川）の西の民を、寺は百済川（曽我川）の東の民を動員して造ったと推測する。

舒明朝の百済大寺のことは、『日本書紀』のほか、『大安寺伽藍縁起《だいあんじがらんえんぎ》并《ならびに》流記資財帳《るきしざいちょう》』と平安時代の『三代実録』にも登場する。いずれも「十市《とおち》郡の百済川辺に造った」と記す。このため、「広陵町百済は広瀬郡だったので

百済寺三重塔（広陵町百済）

子部神社。後方は蓮華院（橿原市飯高町）

論外」という考え方が従来からあったが、飯高町あたりは十市郡に属し、両史料と矛盾しない。

百済大寺に造営にあたっては、「子部社《こべのやしろ》の地を切り開いて造った」（『大安寺資財帳』）、「子部大神が近側にある」（『三代実録』）などの記述が見える。また、「子部社の神の恨みを買い、九重塔と金堂の石鴟尾《しび》が焼けてしまった」のエピソードも伝える。百済大寺と子部社は大変縁が深いのだが、飯高町には『延喜式』に記載された「子部神社二座」に当たるとみられる子部神社がちゃんと二カ所に現存する。

「忍坂王家」の広瀬

舒明天皇の祖父にあたる敏達天皇の百済大井《くだらのおおい》宮についても香久山北西麓説や大阪府の富田林説、河内長野説などが入り乱れるが、塚口氏は、やはり広陵町百済付近にあったと推測する。だからこそ、「ワン・ポイント　崇仏・排仏戦争」編でみた敏達天皇の殯《もがり》宮は広瀬の地に造られたと考える。

さらに、父にあたる押坂彦人大兄皇子の「水派宮《みまたのみや》」（用明紀にみえる）も広瀬郡にあったと推測する。水派宮が営まれた所と考えられる「水派邑《みまたのむら》」には「城上《きのへ》」、あるいは「木戸《きのへ》」と呼ばれる場所（施設？）があったことがさまざまな史料からうかがえるが、広瀬郡にはかつて「城戸郷《きのへ》」が存在した。

押坂彦人大兄王は広瀬郡の「成相《ならい》墓」に葬られた。大型の横穴式石室を備える広陵町の真美ケ丘ニュータウン内（馬見《まみ》北八丁目）にある牧野《ばくや》古墳がそれにあたるとの見方が強い。

押坂彦人大兄は有力な皇位継承候補者の一人で、蘇我氏と推古女帝にとって大変煙たい存在だったようだ。推古の長子、竹田皇子のライバルだったからだ。母は息長真手王の娘、広姫皇后。蘇我氏と血のつながりをもたない息長王統（忍坂王家）のエース格だった。

塚口氏は、百済を中心とする広瀬の地こそ「忍坂王家」のいまひとつの本拠地だった、それ故に敏達の百済大井宮、殯宮、忍坂彦人大兄の水派宮や成相墓が営まれ、舒明天皇の百済宮、百済大寺も広瀬の地（百済大寺の推定地は十市郡に含まれるが広瀬郡と隣接する）に営まれたと考える。

魅力的な説である。

中大兄皇子《なかのおおえ》（天智天皇）と大海人《おおしあま》皇子（天武天皇）は舒明の息子だった。「忍坂王家」はやがて皇統の主流になっていった。百済川はその血脈を育くんだ、と言えなくもない。

古代、大和平野の川は、今日のようにきちんと堤防が築かれ、護岸工事が施されていたわけではないだろう。たぶん、大水のたびに川幅はとてつもなく大きくなったと考えられる。曽我川と葛城川は橿原市北部から田原本町、広陵町にかけていまも接近して北流するが、一つの川のようになることがよくあったかもしれない。田園風景の中にかすかに残る旧河川の痕跡や水路とフケ田の分布の観察などから、飛鳥川も、寺川もこのあたりでいっしょになっていたのかもしれない、と推測している。合流した大河が百済川ではなかったか、とひそかに考えている。

百済川の側《ほとり》の百済宮と百済大寺は、「広瀬」のイメージがピッタリの、広々とした川瀬に臨んで営まれた水都のイメージが浮かぶ。

上宮王家の滅亡

舒明天皇は在位十三年で、六四一年に亡くなった。嫡子・中大兄皇子はまだ十六歳。そこで、山背大兄王がまた皇嗣に浮上した。しかし蝦夷はまたしても首をタテに振らなかった。舒明と馬子の娘、法提郎娘《ほてのいらつめ》の間に生まれた古人大兄《ふるひとのおおえ》皇子を皇位に即けることを望んだ。

どちらに決まっても収まらない情勢だったのだろう。結局、翌年、舒明の皇后だった宝《たから》皇女が二人目の女帝として即位、皇極《こうぎょく》天皇となった。

山背大兄王は、二度にわたって皇位へのチャンスを逃した。やがて蝦夷が病気となり、その子入鹿《いるか》が独裁的な権力を握るが、入鹿《か》もまた山背大兄王とウマが合わなかったのだろうか、古人大兄の即位を実現しようとして山背大兄王の抹殺を謀る。

皇極二年（六四三）十一月、入鹿が巨勢徳太古臣《こせのとこだのおみ》と土師娑婆連《はじのさばのむらじ》に命じて斑鳩の山背大兄王を襲った。大兄王は妃や子弟とともに逃げ出し、生駒山に隠れた。軍勢は斑鳩宮を焼いた。

大兄王に従っていた三輪文屋君《みわのふみやのきみ》は「東国で軍勢を整えて戦いましょう。勝利はまちがいありません」と勧めた。ところが大兄王は

「勝つことは間違いないだろう。しかし、自分一身のために万民に苦労をかけられない。身を捨てて国を固めるのも丈夫《ますらお》ではないか」

法隆寺・東院の夢殿。聖徳太子と山背大兄王の居た斑鳩宮の跡に建つ

と承知しなかった。身の危険を十分知りながら、斑鳩に戻った。

大兄王の生存を知った入鹿は、再び斑鳩寺を包囲した。大兄王は「わが身一つを入鹿に賜う」と、妃妾、子弟らとともに自害して果てた。

折から、五色の幡《はた》や蓋《きぬがさ》が光り輝いて寺の上に垂れ懸かった。入鹿が見るとたちまち黒い雲に変わった。

〈巻第二十四・皇極天皇〉

上宮王家の滅亡――。ここに太子の血脈は絶えた。「蘇我氏の横暴」が頂点を極める出来事だった。

8　飛鳥板蓋宮《あすかのいたぶきのみや》—大化の改新

皇極《こうぎょく》四年（六四五）六月十二日。その日は三韓（高句麗、百済、新羅）から調《みつき》が献上される日だった。

大極殿《だいごくでん》に、皇極女帝をはさんで古人大《ふるひとのおお》兄《え》皇子、蘇我入鹿《そがのいるか》らが居並んでいた。

蘇我倉山田石川麻呂《そがのくらやまだいしかわまろ》が、三韓の上表文を読み上げ始めた。中大兄皇子は、十二の宮城門をいっせいに閉鎖させ、長いやりを持って大極殿のわきに隠れた。中臣《なかとみの》鎌足《かまたり》らも弓矢を持って中大兄を護衛した。

佐伯《さえきの》連《むらじ》子麻呂《こまろ》と葛城《かつらぎの》稚犬養《わかいぬかいの》連《むらじ》網田《あみた》に剣を授け、一気に斬りつけるように命じた。

上表文を読み上げる石川麻呂は汗びっしょり。声は震え、手はわなないていた。ふと不審に思った入鹿が

「どうして、そんなに震えているのだ」

「天皇のおそばで恐れおののき、思わず汗をかいてしまったのです」

子麻呂らは、恐れてなかなか斬りかかろうとしない。しびれを切らした中大兄が、

「ヤア」

と叫んで躍り出た。入鹿の頭と肩に斬りつけた。子麻呂も続き、足を斬った。もんどりうって倒れた入鹿は

「私が何の罪を犯したというのでしょうか」

多武峰縁起絵巻「蘇我入鹿暗殺の図」（談山神社提供）

と女帝にしがみついた。驚いた女帝は
「いったいどうしたのです」
中大兄は
「鞍作《くらつくり》（入鹿のこと）は皇位を絶とうとしています。皇統を滅ぼしてはなりません」
女帝は何も言わずに席を立った。子麻呂と網田が入鹿を斬り殺した。
翌十三日、蝦夷《えみし》が自刃した。

〈巻第二十四・皇極天皇〉

蘇我本宗家の滅亡

ここに、六世紀半ばごろからおよそ一〇〇年間、大王権の外戚《がいせき》として権力をほしいままにしてきた蘇我本宗家が滅亡した。
書紀は、「改新前夜」の蘇我氏の専横ぶりをことさらに強調する。

入鹿が斑鳩宮《いかるが》を襲い、山背大兄皇子《やましろのおおえ》ら上宮《じょうぐう》王家《おうけ》を滅ぼしたことに対し、父の蝦夷でさえ「何とバカで乱暴なことをしたのだ。おまえの命もどうなるか分からないぞ」と怒った、と記す。

葛城の高宮《たかみや》に祖先の廟《びょう》を建て、「天子の舞」とされていた八佾《やつら》の舞を舞わせた。蝦夷・入鹿父子のために今来 双 墓《いまきのならびのはか》を造った。それはともかくとして、この並べて造った二つの墓を「大陵《おおみささぎ》・小陵《こみささぎ》」と呼ばせた。陵《みささぎ》の呼び名は天皇、皇后らの墳墓に限られていたはずなのに――。

たび重なる〝天皇気取り〟に対し、「蘇我氏は国政をほしいままにし、無礼な振る舞いが多い。天に二つの太陽がないように、国に二人の君主はいないはずだ」との声が上がった、とも書く。

中臣鎌足は、こうした蘇我氏の〝王権無視〟に対する人々の反感をバックに、ひそかに入鹿打倒を決意した。「英明の王」とにらんだ若きプリンス、中大兄に近づいた。たまたま飛鳥寺の西側の槻《つき》の木の下であったけまりの会で、脱げ落ちた中大兄のくつを拾ってうやうやしく奉って以来、二人は意気投合するようになった、と伝える。

ともに南淵請安《みなみぶちのしょうあん》のもとで儒教を学び、往復の路上で計略を練った。入鹿の従兄弟にあたる蘇我倉山田石川麻呂を同志に引き入れたのも、「大事を謀るのに有力な助力者が欲しい」と二人が相談し合った結果だったという。蘇我氏の中にクサビを打ち込むネライがあった。

クーデターの舞台となった板蓋《いたぶき》宮跡は、高市郡明日香村岡、同村役場北側一帯に伝承されている。紀ノ川分水路の計画で昭和三十四年、初めて発掘調査のメスが入れられた。以来、橿原考古学研究所が継続して調査を進め、掘立柱《ほったてばしら》建物跡、囲い塀跡（一本柱列）、大井戸、石敷き広場などを発見、重層する宮殿遺構の存在が判明している。

整った配置の宮殿遺構が明らかになりつつある。上層遺構は、斉明《さいめい》天皇の後飛鳥岡本宮であり天武《てんむ》・持統《じとう》天皇の飛鳥浄御原《きよみはら》宮としても利用された宮殿跡、との見方が強い。詳しいことは後編に譲るが、飛鳥解明の鍵を握る宮殿遺構だ。中層遺構が皇極朝の飛鳥板蓋宮跡、下層遺構が舒明《じょめい》朝の飛鳥岡本宮跡に相当するとの見方が有力。

昭和３４年から始まった伝承飛鳥板蓋宮跡の発掘調査。井戸跡は飛鳥浄御原宮のものとみられる（橿原考古学研究所提供）

「入鹿の首塚」。後方は、蝦夷と入鹿の邸宅があったと伝える甘樫丘

ただ、中・下層遺構は整地層、掘立柱列、石組み溝などが発見されているだけで掘り出された遺構そのものが乏しい。斉明元年（六五五）に炎上したという書紀の記述を裏付ける焼土や灰が見つかっているわけでもない。なお、下層遺構の柱の抜き取り穴などには焼土のこん跡が認められ、舒明朝の岡本宮がその八年（六三六）に火災にあったという書紀の記事と符合する。

板蓋宮伝承地の北方、飛鳥寺（安居院《あごいん》）の西に「入鹿の首塚」がある。鎌倉時代ぐらいの五輪塔。斬られた入鹿の首が空高く舞い上がり、鎌足を追いかけてあちこち飛び回った、などという伝説が地元に伝えられたため、鎮魂を願って建立されたと伝える。

東側に蘇我氏の栄華の象徴、飛鳥寺。南側に滅亡の舞台、板蓋宮の伝承地。そして、西に蝦夷・入鹿の家が並び建っていたと伝える甘檮岡《うまかしのおか》（甘樫丘）が見える位置に立つ首塚は、明日香路を訪れる人々に血で血を洗った激動の飛鳥時代史を語りかける。

ただ、歴史の皮肉と言うべきか、同地は、中大兄と鎌足が意気投合した「槻の木広場」の伝承地でもある。また、入鹿を討った中大兄が直後に陣を構え、焼け落ちる甘檮岡《うまかしのおか》の家を眼前にしたた地でもあった。蝦夷は入鹿が討たれた翌日、覚悟を決めて甘梼岡の家に火を放ち、自刃した。

改新の詔

蝦夷自刃の翌日、皇極女帝は退位、中大兄に皇位を譲ろうとした。中大兄は、鎌足の進言で自らは皇太子にとどまり、叔父の軽《かる》皇子（皇極の弟）が孝徳《こうとく》天皇となった。しかし、政治の実権は中大兄と鎌足が握り、初めて「大化」の年号を定め、都を難波長柄豊碕宮《なにわのながらのとよさきのみや》（大阪市の前期難波宮）に遷《うつ》し、いわゆる改新政治を推進する。

『日本書紀』によると、朝廷に一種の投書箱である匱《ひつ》を設け、庶民の政治に対する不平、不満を聞いた。「男女之法」などで、「良民」と奴婢《ぬひ》を明確化した。唐にならって「十師」の制度を導入、仏教界の国家統制を強めた。人口や田地の調査を始め、臣《おみ》、連《むらじ》、伴造《とものみやっこ》、国造《くにのみやっこ》らに所属していた旧来の「己民《おのがたみ》」を禁じた。

矢継ぎ早に打ち出した、こうした諸政策に続いて大化二年（六四六）には「改新の詔《みことのり》」を出した。

書紀の記すところによると、▽私有地、私

有民を禁じ国家から食封、禄などを給する▽初めて京師・畿内を設置し、全国の人民を国司や郡司のもとに編成する▽関塞《せきそこ》、斥候《うかみ》、防人《さきもり》、駅馬、伝馬を置く▽戸籍・計帳を作り、田租を徴収するための「班田収受法」を制定する▽百官を設け、経済的基盤を失った豪族らに官位を授ける――などを内容とする。

畿内とは、東は名墾《なばり》の横河《よこかわ》（三重県名張市）、南は紀伊の兄山《せのやま》（和歌山県かつらぎ町）、西は赤石《あかし》の櫛淵《くしふち》（兵庫県明石市）、北は近江の狭々波《さざなみ》の合坂山《おうさかやま》（滋賀県大津市）までをいった、と記す。

ともあれ、公地公民化、郡県化、班田収受法制定、官僚化などを次々と実施していった、と記す。まさに律令体制の基本。書紀の記述通りなら、大化の改新で古代律令国家体制が整えられたことになる。

ただ、全体に文章がよく整いすぎ、大宝令《たいほうりょう》（七〇一年制定）と同じ条文もあることなどから、古くから信ぴょう性が疑われてきた。井上光貞氏は、書紀編さん時に大宝令の知識によって大幅に修飾した、とみなした。また、詔すべてが書紀編さん時の造作とみる「改新虚構論」も提示された。「大化改新はなかった」という学説、一世を風靡したこともあった。

「虚飾」か「虚構」かは論議の分かれるところだが、そのままうのみにできないことを証明する物的証拠が、昭和四十一年の藤原宮跡（橿原市）の発掘調査で出土した。

それは、「評《こおり》」と記された木簡だった。大化の詔では郡県制によって「郡《こおり》」を置いたとされているのに、半世紀後の六九四年以降の宮都である藤原京の時代になってもなお

「評」の字が見える藤原宮跡出土木簡。「郡平論争」に決着をつけた（橿原考古学研究所提供）

「評」が用いられていたことを明らかにしたのだった。

とはいっても、すべてを虚構と決めつけられない、とするのが今日の大勢。新冠位の制定、役人の出勤や朝参の規定、冠や服の形と色の規定、墳墓造営の規制（「大化の薄葬令」）などもあり、習俗や慣習の統率も進めたらしい。大化改新が、クーデターによる単なる政権交代ではなく、国際的に通用する国家体制作りに大きく一歩を踏み出そうとしたものだったことは、後編で触れる孝徳朝の長柄豊碕宮（前期難波宮）の豪壮さなどからもうかがえる。手本はもちろん中国の唐だった。

中大兄と鎌足が学んだ南淵請安は、東漢《やまとのあや》氏系の渡来人学者だったといわれる。小野妹子《おののいもこ》のもとで遣隋使に選ばれ、隋末唐初の中国で三二年間留学、一つの国家が滅亡するさまと律令体制に基づいて一大帝国を築き上げる様子をつぶさに見て帰国した。

請安の住まいなど詳しいことは分からないが、いま、請安の墓とする石碑が、飛鳥川をさかのぼった明日香村稲淵の集落の中にひっそりと立つ。請安のもとに通う中大兄と鎌足は、飛鳥川のせせらぎの音を聞きながら国の将来を話し合ったのだろうか。

9　甘檮岡《うまかしのおか》（甘樫丘）——蘇我氏の飛鳥

六四五年の大化のクーデター（乙巳《いっし》の変）の前年の皇極《こうぎょく》天皇三年冬十一月のこととして次のような記事がある。

蘇我大臣蝦夷《そがのおおおみえみし》と子の入鹿臣は、家を甘《うま》檮岡《かしのおか》に並べて建てた。大臣の家を上《うえ》の宮門《みかど》、入鹿の家を谷《はざま》の宮門《みかど》と呼んだ。また、その男女を王子《みこ》と呼んだ。

家の外には城柵を造り、門のわきには武器庫を造った。門ごとに水を満たした舟一つと木鉤《きかぎ》数十本を置いて火災に備えた。いつも、力の強い男に武器をもたせて家を守らせた

〈巻第二十四・皇極天皇〉

緊迫した雰囲気が伝わる。蘇我入鹿が斑鳩《いかるが》宮を襲って聖徳太子の遺児、山背大兄《やましろのおおえ》王を殺してちょうど一年後。中大兄《なかのおおえ》皇子や中臣鎌足《なかとみのかまたり》が、板蓋宮《いたぶきのみや》の大極殿で蘇我入鹿を斬り殺した乙巳の変の半年前のことだった。

甘檮岡《うまかしのおか》の家はまるで要塞、一戦を覚悟しているようにも読める。書紀は続けて、「畝傍山の東にも池を掘り武器庫を建てて矢を蓄えた」、「大臣は身の回りの護衛のためにいつも五十人の兵士を引き連れて家を出た」なども書く。

蝦夷・入鹿父子が甘檮岡に家を並び建てたのは、緊迫した状況のもとで備えを固めたと

いうことか。少なくとも書紀の記事からは、父子が大きな危機感を抱き、並み並みならぬ決意をもって、家というより砦を築いた様子が伝わる。

甘樫丘東麓遺跡

「甘檮岡」は、飛鳥川西岸にある甘樫丘《あまかしのおか》のことだろう。標高一四五メートルの頂上付近は公園として整備され、飛鳥の展望台的役割を果たす。飛鳥盆地、多武峯、藤原京跡、大和三山、二上山などがよく見える。見晴らしが良く、防備に好都合な地形ともいえる。

昭和五十四年（一九七九）、大和路一円を巡った昭和天皇が「国見」をされ、「丘にたち、歌をききつつ　遠つおやの　しろしめしたる　世をしのびぬ」と詠まれた。万葉学者で名誉明日香村民だった犬養孝氏が説明に立ち、万葉歌を朗詠した。その犬養氏揮毫の万葉歌碑「采女の　袖ふきかえす　明日香風　都を遠み　いたずらに吹く」（志貴皇子）が立つ。

丘陵は谷が複雑に入り組んでいる。東南部にある谷の底から平成六年（一九九四）、焼土層が見つかった。焼けた建築部材、壁土、土器などが出土した。火災にあった建物の可能性が推測された。時期は七世紀の中頃と判断された。蝦夷・入鹿父子の「甘檮岡の家」ではないか、と注目された。

『日本書紀』は、乙巳の変の翌日、蝦夷は「天皇記、国記、および珍宝をことごとく焼いた」と記している。蝦夷は「甘檮岡の家」で自害、みずから火をかけ、焼け落ちたこと

甘樫丘東麓遺跡で見つかった柱列遺構（立柱で標示）。蘇我氏の邸宅の城柵跡か

が分かる。

「甘樫丘東麓遺跡」と呼ばれ、同十八年（二〇〇六）から奈良文化財研究所が継続的に発掘調査を進めている。

谷の中央部を長さ三四メートルにわたって縦断する石垣、石敷、掘立柱建物、塀跡などが検出されている。七世紀を通じて繰り返し大規模な造成工事が施され、何らかの土地利用が行われてきたことが分かりつつある。ただ、木簡などは見つからず、性格や機能をはっきり特定できる遺構の出土はない状況が続いていた。

同二十一年（二〇〇九）度の調査で、斜面の一角から二条の柱列が検出された。裾（造成地）から一〇メートルほど高い位置にあり、柱穴の直径が二〇センチ以上あってかなりしっかりしたものだった。谷を取り囲むように延びていた。尾根の上、あるいは丘陵の頂上にある施設を守るための区画施設である可能性を示唆した。『日本書紀』の記述からまるで砦のようだったと推定できる「甘檮岡の家」の防御施設、記事にある「城柵」と考えてもおかしくないものだった。

「蘇我氏の邸宅跡か」という報道ばかりが先行してしまった感の強かった甘樫丘東麓遺跡だが、今後の調査への期待が一気に高まった。

島庄遺跡

蘇我氏は代々、多くの邸宅を営んだらしい。『日本書紀』には、蝦夷、入鹿父子の「甘樫丘の家」以外にも多数、邸宅に関する記事がみえる。

欽明《きんめい》十三年、わが国に初めて仏教が伝えられ崇拝するかどうかの賛否が分かれた時、天皇は蘇我稲目《そがのいなめ》に試みに礼拝させることにしたが、稲目は仏像を「小墾田《おはりだ》の家」に安置し、「向原《むくはら》の家」を寺としたと伝える。小墾田と向原は、甘樫丘の北麓の飛鳥川に沿うあたりと推測されている。どちらも推古《すいこ》天皇の宮殿が営まれたところでもあり、「飛鳥の出発点」ともいえる地だ。

稲目には、欽明朝に高麗《こま》（高句麗）を破った大将軍の大伴狭手彦《おおとものさでひこ》から贈られた二人の女性を住まわせた「軽《かる》の曲殿《まがりどの》」という邸宅もあった。軽は、見瀬丸山古墳の北方、橿原市大軽町から石川町付近がその推定地。

馬子の邸宅としては、「嶋の家」が名高い。

明日香村島庄《しまのしょう》の島庄《しまのしょう》遺跡がその推定地。馬子の墓説が強い石舞台古墳の西側一帯に広がる遺跡で、明日香村教委が平成十五年（二〇〇三）から進めている範囲確認調査で、七世紀の建物遺構が多数検出されている。

同村教委の相原嘉之氏によると、七世紀前半のⅠ期は大型建物を含む建物群が見つかっている。七世紀中ごろのⅡ・Ⅲ期は小規模建物群があった。七世紀後半のⅣ期は大型建物を含め建物群が検出されている。Ⅲ期までは建物軸が北で西側に大きく傾いていたのが、Ⅳ期になると正方位をとるように変わっていた。

馬子の時代はⅠ期にあたり、五間×二間の建物、その東側を南北に延びる塀の跡などが検出されている。ただ、正殿《せいでん》のような中心建

島庄遺跡は、蘇我馬子の墓とされる石舞台古墳の周辺に広がる

物はまだ確認されていない。

『日本書紀』の馬子の死について述べる記事には、「飛鳥川の傍に家をつくり、庭に池を開き、小さな嶋を池の中に築いた。そこで人々は嶋大臣《しまのおおおみ》と呼んだ」とある。

島庄遺跡からは、一辺が四二メートル、垂直壁の護岸がめぐる豪壮な方形池が見つかっている。この池が馬子の邸宅の池で、後に草壁《かべ》皇子が住み、「万葉集」にもたびたび登場する嶋宮の「勾池《まがりのいけ》」ではなかろうか、という推理が古くからあった。ただ、「勾（曲）池」はやはり字のごとく「曲水の宴」がおこなわれるような曲がった池だったただったのでは、との考え方があり、この方形池が馬子の「嶋の家」の呼び名の由来になった池と確定しているわけではない。

馬子の邸宅には、「石川の宅」や「槻曲《つきくま》の家」というのもあったらしい。

「石川の宅」というのは、敏達《びだつ》天皇十三年、百済から将来した弥勒《みろく》の石像を邸宅の東に営んだ仏殿に安置し三人の尼を迎えて法会を営んだところ、鉄の槌で打ってもビクともせず、水に入れると思いのままに浮き沈みする舎利《しゃり》が出現、感動した馬子が仏殿を造ったという家だ。橿原市石川町の本明寺がこの「石川の宅」を寺にした「石川精舎《いしかわのしょうじゃ》」跡と言い伝える。

「槻曲《つきくま》の家」は、用明天皇二年、物部守屋との緊張がいよいよ高まった際、大伴《おおともの》羅夫《らお》連《むらじ》が昼夜付きっきりで馬子を警護した家として登場する。どこにあったか、詳しいことは分からない。

蝦夷の家は、甘樫丘の「上の宮門《みかど》」のほか、畝傍山の東麓にもあった。既にみたように、いずれも防備の固い砦としての機能をもつ邸宅だったようだ。蝦夷は「豊浦大臣《とゆらのおおおみ》」と呼ばれたことから、豊浦付近にも家があった可能性がいわれる。

　蘇我氏は歴代、飛鳥地方のあちこちに、記録を残すような規模と話題性を備えた邸宅を次々と構え続けた。飛鳥は蘇我氏によって切り開かれ、蘇我氏のためにあったといってもいいのだろう。

蘇我氏の出自

　蘇我氏は、応神《おうじん》紀にみえる蘇我石川宿祢《そがのいしかわのすくね》の頃からそれなりに活躍するようになったらしい。満智《まち》―韓子《からこ》―高麗《こま》を経て、宣化《せんか》天皇のもとで大臣に就任した稲目《いなめ》の代に急に勢威を得た。欽明天皇に二人の娘（堅塩媛《きたしひめ》と小姉君《おあねのきみ》）を納《い》れて、孫にあたる用明《ようめい》、崇峻《すしゅん》、推古《すいこ》が次々と皇位に就き、外戚《がいせき》としての地位を固めた。以後、稲目―馬子―蝦夷―入鹿の四代にわたって栄華を極めた。

　出自は謎に包まれる。系譜の上では孝元《こうげん》天皇の後裔とされ、武内宿祢《たけのうちのすくね》を遠祖とする。葛城《かずらき》、巨勢《こせ》、平群《へぐり》、波多《はた》（羽田）、紀《き》氏らと同族とされるが、定かでない。馬子が推古天皇に対し、「葛城県《かずらきのあがた》は我々の本居《うぶすな》。そこでこの県を永久に賜りたい」と願い出たが、天皇は「私は蘇我氏の出身。大臣の願いは何でも聞き入れたいが、それだけは、愚か者と後代に悪い名を残し、大臣も不忠とされるだろう」と拒否したというエピソードについても、蘇我氏が本当に葛城氏や葛城地方と強く関わりがあったことを示すものなのか、解釈が分かれる。

本貫地についても、曽我都比古《そがつひこ》神社がある橿原市曽我町付近、南河内の石川流域などがいわれるが、決定打に欠く。河南町の平石古墳郡を蘇我氏の墳墓群と考える西川寿勝氏は、「蘇我の本貫を葛城二上の近つ飛鳥にもとめることができると思う」（『蘇我三代と二つの飛鳥—近つ飛鳥と遠つ飛鳥』＝新泉社）としている。

蘇我氏は、天皇家をしのぐ実力を持ち、権勢を誇った。「蘇我氏は大王位にあった」という推測もある。宮殿を見下ろす甘樫丘に家をつくり、その家を「上のミカド」「下のミカド」などと称していたことは、王権を超える存在だったことの証拠との見方がある。

一方、蘇我氏は、仏教受容にみられたように開明性に富む氏族だったことについては、研究者の見解が一致する。東漢《やまとのあや》氏をはじめとする渡来人集団との関わりが極めて深く、影響力が大きかったことも疑えない。

「蘇我氏渡来人説」も根強い。門脇禎二氏は、系図にみられる満智は、『百済本紀』や『三国史記』に登場する百済の官人、木満致《もくまんち》のことで、五世紀末ごろに渡来して蘇我氏の祖となった、と考えた。

葛城も河内の石川も曽我も、蘇我氏とのゆかりがいわれる地はみな、渡来人集団が早く住み着き、開いた地だった。すべて、瀬戸内海から飛鳥に至るルート上にある。

ワン・ポイント

蘇我氏の墳墓

石舞台古墳

明日香村島庄にある石舞台古墳（特別史跡）は、今も飛鳥のシンボル。飛鳥観光の拠点でもある。累々と積み上げられた巨石は、見る人を古代へ誘う。

石舞台古墳（明日香村島庄）

推古《すいこ》三十四年（六二六）に亡くなった蘇我馬子《そがのうまこ》を葬った「桃原墓」とされる。研究者の間でもほぼ一致、定説化している。蘇我氏の横暴を世に示すために封土がはぎ取られ、石室がムキ出しになったという伝承も、記録や証拠があるわけではないのだが、現実味のある話として語り継がれてきた。

玄室《げんしつ》、羨道《せんどう》部を含めた石室の全長は

約二〇メートル。見瀬丸古墳に次ぐ規模だ。花崗岩《かこうがん》の巨石を積み重ねて造った巨石墳で、最も大きい天井石は約七七トンと推定されている。

昭和八年（一九三三）から京都大学考古学研究室が発掘調査した。後、昭和十三年（一九三八）に橿原考古学研究所を創設することになる末永雅雄氏が担当した。既に石棺はなく、金銅製の帯金具、土器片などが出ただけだったが、一辺約五五メートルの方墳だったことを確認。また、空濠と外堤がめぐることなどを明らかにし、巨石墳の構築技法を突きとめた。

蘇我三代のうち蝦夷《えみし》・入鹿《いるか》父子の墓は、生前のうちに今来《いまき》の地に双墓として造営した、と伝える。ひとつを「大陵《おおみささき》」と呼んで蝦夷の墓とし、もうひとつを「小陵《こみささき》」と呼んで入鹿の墓とした、と皇極紀《こうぎょくき》にある。「陵《みささき》」は天皇にだけ許された呼称だった。上宮大娘姫王《かみつみやのいらつめのみこ》（聖徳太子の娘？）は「蘇我氏は無礼。天に二つの太陽がないように、国に二人の君主はいないはず」と憤慨、蘇我氏と上宮《じょうぐう》王家（山背大兄《やましろのおおえ》皇子）との対立をさらに深めたとする。

「今来双墓《いまきのならびはか》」は、かつて御所市古瀬《こせ》にある二つの水泥《みどろ》古墳（塚穴山古墳と蓮華文古墳）が候補に上がっていた。直径約二〇メートルの円墳がほぼ八〇メートル間隔で南北に並び、南の蓮華文《れんげもん》古墳の石棺には六葉の蓮華文がレリーフされていることでも知られる。調査の結果、蓮華文石棺は七世紀半ばのものだが古墳の築造はそれよりかなり早く、北の塚穴山古墳は六世紀後半まで溯ることが分かり、時代が合わず、蝦夷と入鹿の双墓ではないことがはっきりしている。

最近、蘇我氏の墳墓について新見解が相次いでいる。

まず、石舞台古墳は本当に馬子の墓だろうか、という疑問が浮上している。大阪府教育委員会の西川寿勝氏は、①石室の形態は見瀬丸山古墳などと共通し、六世紀後半ごろの形態②石棺の破片が出土しているが、植山古墳の発掘成果などから考えて、馬子の亡くなった六二六年より溯《さかのぼ》る可能性が強い③石室の主軸《しゅじく》が正方位からはずれ、南に開口しない。自然地形を利用した形態で、風水思想に影響されておらず、六世紀を下らない――などと築造時期が合わない点を指摘、馬子の墓とすることに疑問を呈している。

馬子は、亡くなる三〇数年前に自ら飛鳥寺を造営した。以来、四天王寺、斑鳩寺など先端技術を駆使した寺院建築が続々と造られた。石の加工技術も長足の進歩を遂げていたはず。確かに、規模は大きいが自然石を用いた石舞台古墳の石室は、馬子の墓に似合わないかもしれない。馬子より四年早く亡くなった聖徳太子の墓（大阪府太子町の上城古墳）の石室は精美《せいび》な切石造りだ。

また、「桃原墓」の桃原は地名と考えられるが、石舞台古墳付近に桃原の地名は現存しない。付近が、雄略《ゆうりゃく》紀に渡来人を移り住まわせた土地のひとつとして登場する上桃原、下桃原であったかどうか、確定しているわけではない。

石舞台古墳は、築造にあたってそれまであった多くの小古墳を壊していた。飛鳥の地でそうした行為が可能だったのは蘇我氏以外になかったのではないか、という見方は根強い。馬子の父、稲目《いなめ》の墓の可能性もいわれる。

蝦夷と入鹿の「今来双墓」の候補として最近、見瀬丸山古墳の東方にあって切石積みの横穴式石室をもつ方墳が二基並ぶ宮ヶ原一・二号墳（橿原市五条野町）が浮上している。平成十二年（二〇〇〇）頃に調査した橿原市教育委員会の竹田政敬氏らが推定している。どちらも七世紀中ごろの築造だったようだが、石室は高取城の築城の際に運ばれたらしく、徹底的に破壊されていた。いまは宅地化されて跡形もない。

平石古墳群

大阪府河南町の平石川（石川の支流）に沿う平石谷にある平石古墳群のアカハゲ古墳とツカマリ古墳を蝦夷・入鹿父子の双墓とみなす考えも浮上している。

西川寿勝氏や大阪府文化財センターの山本彰氏によると、どちらも大きな方形墳で、切石の横口式石槨《せっかく》をもつ終末期古墳。平成十五年（二〇〇三）から同十七年にかけて、大阪府教育委員会によって発掘調査された。

アカハゲ古墳は、墳丘が長辺（東西）約四五メートルあり、土を突き固めて造る版築《はんちく》工法で三段に造成されていた。全面に石を貼り付けるか敷き詰めていた。ツカマリ古墳は、東西約四三メートル、やはり三段に築成され、全面、貼石《はりいし》と敷石で覆われていた。どちらも石槨は南に開口し、東西幅七〇メートル以上ある壇の上に築かれていた。石槨は、奈良県の宇陀地方で採取できる榛原石《はいばらいし》（室生安山岩）の切石が用いられ、

平石谷。葛城山系西側に位置し、近つ飛鳥の一角を占める

隙間には漆喰《しっくい》が塗り込められていた。

平石谷では、もうひとつ、同じような造りの大型方形墳が平成十一年（一九九九）に発見され、シシヨツカ古墳と名付けられた。墳丘は東西約二四メートル、南北約一四メートル、三段築成で、全面に貼石を施していた。主体部は、羨道《せんどう》部分は川原石（花崗岩）を積み上げて造りながら墓室は榛原石の切石を用いていた。三古墳の中では一番早く造られたとみられている。漆塗りの棺片、銀象眼の大刀飾り、金銅製馬具の飾り金具、銀製帯金具、金糸、銀糸、銀線、ガラス玉などきらびやかな遺物が出土した
三古墳は、平石谷の平石川の右岸、東西六〇〇メートル程の間に、下流（西）からシシヨツカ、アカハゲ、ツカマリの順番で並んでいる。築造順もこの順番だったらしい。

山本氏は、シシヨツカ古墳を馬子の墓とみなし、三古墳を蘇我氏三代の墓と考えている。

西川氏も同様に考えるが、シシヨツカ古墳は稲目の墓ではないかとみる。同古墳は、六世紀後半〜末の高坏が出土し、他のきらびやかな副葬品も六世紀後半とみられるのに、石室は自然石と整美な切石を用い、横穴式石室から横口式

石槨へ移行する過渡期の七世紀前半ごろに下ると考えざるを得ない〝矛盾〟を持ち合わせる。この〝矛盾〟を解決するため、稲目をどこかの墓、場合によっては石舞台古墳から改葬したのではないか、と考えるのだ。この場合、馬子の墓は、明日香村越にある岩屋山古墳ではなかったか、と考える。（『蘇我三代と二つの飛鳥――近つ飛鳥と遠つ飛鳥』新泉社）

㊤シシヨツカ古墳から出土した亀甲繋文《きっこうつなぎもん》銀象嵌円頭《ぎんぞうがんえんとう》太刀《たち》㊦シシヨツカ古墳の石室（いずれも大阪府教育委員会提供）

平石谷は、推古天皇陵や聖徳太子墓などがある磯長谷の南側の谷筋にあたる。この谷を登り平石峠を越えると奈良県の葛城市（旧当麻町）。蘇我氏が「わが本居」とこだわった葛城地方と背中合わせの土地柄だ。また、竹内《たけうち》街道（古代の横大路）でまっすぐ飛鳥にも通じる。

最近では、見瀬丸山古墳を稲目の墓とする考え方も出ている。奈良文化財研究所の小澤毅氏、宮内庁書陵部の福尾正彦氏らが提唱する。橿原市の竹田政敬氏や明日香村の西光慎治氏らも稲目の墓と考え、東側で発見された宮ケ原一・二号墳などと合わせてこの地域に蘇我氏の墳墓群を形成していた可能性を考える。（『蘇我三代と二つの飛鳥』新泉社）

この場合は、蘇我氏は稲目の時代から天皇家（大王家）をしのぐ強大な権力を保持していた、天皇家を超えていたのではなかろうかという評価とつながる。

10 山田寺《やまだでら》——石川麻呂冤罪事件

乙巳《いっし》の変（六四五年）で、皇極《こうぎょく》天皇は退位した。皇極は中大兄皇子《なかのおおえ》に譲位しようとしたが、中大兄は中臣鎌子《なかとみのかまこ》（鎌足）と相談して固辞した。

中大兄には古人大兄皇子《ふるひとのおおえ》という異母兄がいた。古人大兄の母は蘇我馬子の娘、法提郎媛《ほてのいらつめ》。蘇我本宗家の滅亡で皇位への望みはなくなっていたが、中大兄側は「兄を差し置いて皇位に就くことはできない」との理屈だった。皇極帝の弟、軽《かる》皇子を次の天皇に推薦した。中大兄皇子にとっては叔父にあたる。

古人大兄は、「私は出家して吉野へ入り、天皇の幸せを祈りたい」と、身につけていた刀をはずして地に投げ捨て、飛鳥寺で自らひげと髪をそり落とし、吉野の寺に引きこもった。

軽皇子は、孝徳《こうとく》天皇となった。難波《なにわ》の宮（長柄豊碕宮《ながらとよさき》）を舞台に、公地公民化などの改新政治を推し進めた。いわゆる「大化改新」。天皇中心の古代中央集権国家づくりを推し進める大改革だった。実質的なリーダーは中大兄皇子だったと考えられる。

仕組まれた事件

孝徳即位から三カ月後、吉野に隠棲《いんせい》していたはずの古人大兄皇子の謀反《むほん》が発覚した。古人大兄に従っていた吉備笠臣垂《きびのかさのおみしだる》が中大兄のもとに走り、自首した。内部告発による発覚だった。中大兄は討伐兵四十人を送り、古人大兄とその子たちを斬った、と書く。

それから四年後の大化五年（六四九）三月二十四日のことだった。

蘇我日向《ひむか》が皇太子、中大兄皇子に告げた。

「私の異母兄の麻呂（蘇我倉山田石川麻呂）が皇太子のお命を狙っています」

中大兄皇子は信じた。孝徳天皇は、石川麻呂の難波の家に向けて軍を出した。

石川麻呂は脱出。そのまま、大和へ向かい、長男の興志《こごし》の指揮で造営中だった山田寺に入った。興志は
「やって来る軍勢を迎え討ちましょう」

と徹底抗戦を主張した。しかし、石川麻呂は許さなかった。

翌二十五日、石川麻呂は妻子や僧ら数十人を集めて言った。

「臣下たる者がどうして反逆をくわだてようか。この寺も天皇のおんために造った。私は日向に讒言《ざんげん》され、冤罪《えんざい》を受けて殺されようとしている。せめてもの願いは忠心をいだいたまま黄泉《よもつくに》へ去りたい。寺へ来たのは安らかに最期を迎えたかったからだ」

言い終わると金堂に入り、自ら首をくくって死んだ。妻子ら八人が殉じた。

日向と大伴狛連を将軍とする討伐軍は、石川麻呂自害の知らせを聞いて途中で引き返した。

しかし翌二十六日、軍勢は山田寺を囲

んだ。石川麻呂の遺体を運び出して首をはね、さらに太刀で死体を切り刻んだ。連座して斬殺された者は十四人、絞首刑は九人、流罪は十五人に上った。

〈巻第二十五・孝徳天皇〉

蘇我倉山田石川麻呂は、蘇我蝦夷の末弟、倉麻呂の長男で、入鹿の従兄弟《いとこ》だった。大化のクーデターでは中大兄や中臣鎌足に加担した。あの「三韓の上表文」を読み上げた人物である。改新政権では右大臣の地位にあった。

遺体に斬りつけるなど、古代史上にも類をみないほど残忍な殺害を伝えるこの事件は、後に冤罪だったことがはっきりする。書紀は、「石川麻呂の財産を没収すると、すぐれた書物には〝皇太子の書〟と、貴重な財宝には〝皇太子の物〟と記してあった。これを知った中大兄は石川麻呂の無実を知り、後悔し、歎き悲しんだ」と書く。

中大兄と鎌足は初めから無実を承知しながら殺した、ともいわれる。古人大兄皇子の謀反事件、さらに九年後の斉明《さいめい》四年（六五八）に生じた有馬《ありま》皇子の謀反事件とともに「仕組まれた事件」だった、との見方が少なくない。

ともかく、この事件を経て中大兄と鎌足はその権力をさらに強めた。蘇我氏は、本宗家に続いて傍系有力者まで失ったのに対して、中臣氏、のちの藤原氏は繁栄の土台を固めることになった。

横倒し回廊

山田寺は、桜井市山田の地にあった。桜井から明日香に通じていた古代の官道、山田道に沿う丘陵地に、金堂と塔の土壇などを残す。特別史跡に指定されている。

横倒しのまま出土した山田寺回廊の連子窓
（保存処理後、飛鳥資料館で展示されている）

一九八二年（昭和五十七年）、東回廊の一部がペタッと倒れたままの状態で出土、世間を驚かせた。柱をはじめ、頭貫《かしらぬき》、長押《なげし》、束《つか》などの部材や連子窓《れんじまど》、土壁などが組み合わさったまま倒れて埋もれていたのが、そのままの状態で姿を現したのだ。

法隆寺の回廊に比べると腰高、連子も骨太で重厚な造り。「世界最古の木造建築」よりさらに三、四十年も古い建築物の出現——。日本建築史の「第一ページ」は土の中から出てきた。発掘にあたった奈良国立文化財研究所の細見啓三氏（建築史）は「生涯最高の幸運」と喜んだ。

山田寺は、六四三年（皇極二年）ごろに金堂が建立されたことが文献から知られる。回廊建設の記録はないが、ほぼ同時期とみていいようだ。「横倒し回廊」は、いわば、石川麻呂事件の悲劇を知る建物の出現だった。杉本苑子さんは、「おどろおどろしい骨肉のドラマの、土中からのよみがえりとも取れる。興味深くもあり、いささか私には不気味でもある」と、発見直後に書いた。

山田寺は、平安末から鎌倉時代ごろ、自然に朽ち果てるように廃絶したらしい。出土した「横倒し回廊」も土石流に押しつぶされて埋まり、瞬間的に空気から遮断されたため、腐らずにそのまま残ったものだった。

保存処理が施された部材はいま、組み立てられ、飛鳥資料館に展示されている。

奈良（国立）文化財研究所が昭和五十一年から継続して進めた発掘調査で、山田寺は往

山田寺跡（桜井市山田）

時の伽藍《がらん》の様子が明らかになっている。伽藍配置は、中門、塔、金堂、講堂が南北に一直線に並ぶものだった。ただ、普通の「四天王寺式」とは違って講堂は回廊の外に建てられていた。いわば、飛鳥寺の東西両金堂を省略、中金堂を残した形式だった。

金堂建築と内部の特異さが注目された。屋根を支える肘木《ひじき》や垂木《たるき》が放射線状に延び、法隆寺の玉虫厨子《たまむしのずし》（国宝）と同じ、変わった構造だったことが判明した。八世紀初頭の建立とされる三重県名張市の夏見《なつみ》廃寺に例があるが、以後は日本建築から姿を消した様式とされる。

壁面には金箔張りの塼仏《せんぶつ》がびっしりはめ込まれ、礎石には蓮弁を、階段側石には獅子《しし》らしい彫刻を彫り込んでいたらしいことも明らかになった。

塼仏は、粘土を型取りして焼いたレリーフの仏像。金・銀塗、金・銀箔《ぱく》、彩色などを施す。壁面に張って荘厳《しょうごん》に用いた。中国・北魏の影響で白鳳《はくほう》期に隆盛、全国五十数カ所で出土例がある。飛鳥地方では、山田寺のほか川原寺、橘寺、南法華寺（壷坂寺）などの出土品がよく知られる。

『扶桑略記《ふそうりゃっき》』によると、平安時代の一〇二三年（治安三年）十月、関白・藤原道長が大和、紀伊の社寺を詣でる途中に、山田寺を訪れた。「奇偉《きい》の荘厳《しょうごん》を以って、言語云黙《うんもく》し、心眼及ばず」と書き残す。

ことばも出なかった「奇偉の荘厳」とは、金色に輝く塼仏を張りめぐらした堂内の様子を指しているに違いない。ともかく、きらびやかで厳かな装飾が施された、一風変わった堂塔伽藍だったようだ。

興福寺の仏頭

奈良・興福寺の国宝館に、首から上だけのブロンズ像の「仏頭《ぶっとう》」（旧東金堂本尊、国宝）がある。きれ長の目、きりりと結んだ唇、白鳳仏の代表傑作とされる。本来は山田寺講堂の本尊だったことはよく知られる。

興福寺・国宝館は、昭和三十四年、金堂、細殿《ほそどの》を復元する形で建設された。正しくは宝物収納庫、同寺の宝物の大半を収蔵している。阿修羅《あしゅら》像をはじめとする乾漆八部衆《かんしつはちぶしゅう》像、乾漆十大弟子《でし》像、板彫十二神将《いたぼりじゅうにしんしょう》像、木造千手観音像、木造天燈鬼《てんとうき》・竜燈鬼《りゅうとうき》像など国宝の彫刻作品だけで三〇点以上。仏頭は、阿修羅像、竜燈鬼・天燈鬼などとともに、その名の通り著名な国宝像がズラリ並ぶ国宝館のなかでも、一、二を争う人気作である。

平安時代末の一一八七年（文治三年）三月九日、興福寺の僧兵らが山田寺からこの仏頭を持ち帰ったことが左大臣藤原兼実《かねみ》の日記『玉葉《ぎょくよう》』に記されている。山田寺は、既に無住か、無住に近い状態にあったらしい。興福寺では、一一八〇年（治承四年）の平重衡《たいらのしげひら》の兵火で失った東金堂の再建が実現したものの、仏像の制作まで手が回らなかったため、といわれる。事件後、山田寺を管理していた京都の仁和寺《にんなじ》との間でもめたが、半月ほどで和解している。

興福寺の東金堂は以後、二度の火災に遭う。山田寺本尊の消息は不明だった。それが、昭和十二年（一九三七）秋、奈良県が実施した解体修理で、現本尊須弥壇《しゅみだん》の中から発見されたのだった。発見を報じる当時の新聞記事は二〇行そこそこだが、いまなら、大見出しが踊り、大騒ぎはまちがいないところだろう。

　仏頭は、坐像として復元すれば二・六メートルぐらいと推測されている。天武十四年（六八五）の石川麻呂三十七回忌に開眼供養されたと伝える丈六《じょうろく》の薬師如来像にあたる、と考えられている。

興福寺の「旧東金堂本尊」。山田寺講堂の本尊だったとされる（興福寺蔵、飛鳥園提供）

　石川麻呂事件で中断された山田寺の造営は天武《てんむ》二年（六七三）に再開された。工事再開の背景には鸕野《うの》皇后（のちの持統女帝）の力があった、といわれる。石川麻呂には遠智娘《おちのいらつめ》という娘がいたが、中大兄皇子の妃となって産んだ二番目の娘が鸕野皇女だった。石川麻呂三十七回忌のために造られた薬師如来には、祖父の名誉回復を願う皇后の祈りが込められていたに違いない。

　その供養仏がいま、頭部だけが残り、事件をきっかけに栄華への道を踏み出した藤原氏の氏寺にある。数奇な運命というべきか、歴史の皮肉というべきか。

11 飛鳥河辺行宮《あすかのかわべのかりのみや》——孝徳帝置き去り

孝徳《こうとく》天皇五年二月九日、穴戸国《あなと》（山口県）から白い雉《きじ》が献上された。

「白雉《はくち》出現」の意味を尋ねられた僧旻《みん》は、

「白雉は、王者が行いが潔白で、恵み深い聖王であるときに現れると聞きます。まさしく瑞祥《ずいしょう》」

と答えた。

二月十五日、朝廷では、元日の儀式のような盛大な儀式をとり行った。左右の大臣をはじめ百官が居並ぶ中、雉を乗せた輿《こし》が宮門を入り、しずしずと天皇の御座の前へと進んだ。天皇は、皇太子の中《なかの》大兄《おおえ》皇子とともに白雉を手に取った。

左大臣巨瀬大臣《こせのおおおみ》が賀詞を述べた。

天皇は、

「鳳凰《ほうおう》、麒麟《きりん》、白雉《びゃくち》、白烏《びゃくう》などが現れるのは君主の徳にこたえるめでたいしるしという。英明な聖王がこのようなしるしを受けるのはもっともだが、自分にはその資格はない。これはきっと、自分を助けて政治を行う者が心のまことを尽くし、制度を守っているからだろう。公卿から百官に至るまで清く正しい心で神々を敬い、天下をますます栄えさせるよう努めよ」

と詔した。

この日、全国に大赦し、白雉《はくち》と改元し

た。穴戸国には三年間の調と労役を免除した。

〈巻第二十五・孝徳天皇〉

「白雉《はくち》の瑞祥《ずいしょう》」と呼ばれる、孝徳天皇五年（六四九）の名高い〝事件〟だ。なぜこれほどまでに喜んだのだろうか。大化のクーデターから四年、改新政治が軌道に乗った安堵《あんど》だったのだろうか。いずれにしても、孝徳天皇にとっては最高の〝栄華〟だった。

　華やかな儀式の舞台はどこだったのか、『日本書紀』にははっきりとは書いていないが、大郡宮《おおごおり》か味経宮《あじふ》か、いずれにしても難波《なにわ》の宮だった。〝事件〟直後の白雉二年（六五一）正月から天皇が住み始めたという難波長柄豊《なにわのながらとよ》碕《さき》宮だった可能性もある。

　『日本書紀』によると、飛鳥から難波への遷都は大化元年（六四五）十二月のことだった。白雉三年（六五二）に長柄豊碕宮が完成するまでは、難波の諸宮を転々と巡居したらしい。『書紀』には、子代離宮《こしろのかりのみや》、蝦蟇行宮《かわずのかりのみや》、小郡宮《おごおり》、味経宮《あじふ》、大郡宮《おおごおり》などの名がみえる。

　白雉元年（六五〇）十月、東漢氏《やまとのあや》一族の荒田井比羅夫《あらたいのひらふ》を「将作大匠」に任じて境界標を立てさせ、立ち退き者や墓を壊された人への補償を行ったという記事がみえる。これが、豊碕宮の造営開始を示すものと考えられる。翌白雉二年の十二月に天皇が入居し、白雉三年（六五二）九月に完成した、と記されている。

　足かけ八年がかりで整地や建物の建造が進められたことが分かり、完成までの間、難波《なにわの》津《つ》にあった役所や迎賓館の建物を臨時の王宮殿として利用していたことがうかがえる。難波遷都は東アジア情勢の緊迫が背景にあったことは確実。大和朝廷は、国際情勢に対応するために急きょ、外港である難波に都を遷したとみていい。

長柄豊碕宮《ながらとよさきのみや》を評して、「その状《かたち》、ことごとくにいうべからず」と書く。ことばで言い尽くせないほど大きく、立派だった――。あるいは、「白雉の儀式」も、その新宮殿と新宮殿の威容に象徴される国家の整備を内外に誇示するパフォーマンスだったのかもしれない。

難波宮の発掘

大阪城の南、大阪市中央区法円坂町と馬場町で、上町台地の北端部に営まれた古代宮都の遺構が発掘された。山根徳太郎氏らによる血のにじむような保存顕彰運動によって昭和二十九年（一九五四）から本格的な調査が開始され、ビルの谷間に眠っていた宮殿のようすが明らかになってきている。難波宮跡と呼ばれる。

重複した二時期の宮殿遺構がある。古い方は前期難波宮、新しい方は後期難波宮の遺構と考えられている。

後期難波宮は、奈良時代、平城宮の副都としての役割を果たした難波宮だった。聖武《しょうむ》天皇即位三年目の神亀《じんき》三年（七二六）から平城京の副都として難波宮を再興した、と伝える。内裏《だいり》の大安殿《だいあんでん》、大安殿前殿、内郭《ないかく》回廊、大極殿院《だいごくでん》の大極殿、後殿、それに十二堂院などが確認されている。大極殿の基壇が、現場に復元展示されている。主要建物は瓦葺《かわらぶ》きだったらしく、重圏文《じゅうけんもん》の軒丸瓦《のきまるがわら》など多数の瓦が出土している。

下層の前期難波宮の遺構は、内裏《だいり》正殿、朝《ちょう》堂《どう》正殿（大極殿）、八角殿、朝堂などが東西対称に整然と並ぶ。一尺二九・六センチの「天《てん》平尺《ぴょうじゃく》」より少し短い

山根徳太郎氏胸像
（大阪歴史博物館蔵）

難波宮跡。㊤後期難波宮の復元ＣＧ（大阪市教育委員会提供）
㊦大阪歴史博物館より

一尺二九・二センチの基準尺を用いて造営された、瓦を用いない宮殿だった。全面に火災のこん跡があり、天武朝の朱鳥《あけみとり》元年（六八六）に焼失した、と『日本書紀』が伝える難波の宮殿の遺構とされる。

大阪市教育委員会で発掘調査にあたってきた中尾芳治氏は、その始まりは孝徳朝の長柄豊碕宮に溯《さかのぼ》れると考える。中尾氏によると、長柄前期難波宮の整地の時期は七世紀中葉、長柄豊碕宮造営時と考えて矛盾がない、という。（山根徳太郎著、中尾芳治解説『難波の宮』学生社ほか）

従来は、前期難波宮を孝徳朝の長柄豊碕宮まで溯らせることに疑問視する見解も少なくなかった。それは、ひとえに「整い過ぎている」からだった。

飛鳥の諸宮をしのぐ規模と威容を備えた前期難波宮は、本格的な都城制の出発となった遺構であることは間違いない。

白雉四年（六五三）、皇太子（中大兄）は天皇に

「倭《やまと》の京に移りたい」

と申し出た。天皇は許さなかった。すると皇太子は、間人《はしひと》皇后を奉じ、大海人《おおしあま》皇子など諸皇子を引き連れ、難波から飛鳥へ戻った。飛鳥河辺行宮《あすかのかわべのかりのみや》に入った。公卿、百官らもみな皇太子に従った。

皇后にまで去られ天皇は恨んで歌を詠んだ。

鉗着《かなぎ》け　吾が飼ふ駒《こま》は　引出せず　吾が飼ふ駒を　見つらむか

天皇は失意のうちに病気になり、翌五年十月、難波宮で亡くなった。
〈巻第二十五・孝徳天皇〉

飛鳥に戻る

孝徳帝〝置き去り〟事件である。威容を誇った長柄豊碕宮は四年ばかりで主を失い、宮都は九年ぶりに飛鳥に戻った。

天皇が恨んで詠んだと記す歌の歌意は「逃げないように鉗《かなぎ》を着けて飼っていた私の馬は馬屋から引き出していない。それなのにどうして他人が見る…」というような意味だ。間人《はしひと》皇后は夫を見捨て、同母兄の中大兄に従った。兄妹の〝許されぬ恋〟を〝置き去り〟事件の要因とみる文学的解釈もある。

研究者の間では、外交方針の分裂が背景にあった、との見方が強い。当時の東アジア情勢は、新羅が東方進出を狙う唐と組んで百済や日本を圧迫しようとする緊迫した状況にあった。門脇禎二氏は、「唐との外交的接触、いわば遠交策によって打開しようとした孝徳天皇の構想に対して、中大兄らは飛鳥に遷都して防備・武力の強化充実を唱えて対立しはじめていた」（『飛鳥―その古代史と風土』日本放送出版協会）と推理する。

井上光貞氏も同様の見解で、「胸を張って外港の地に都をおいた当時の理想をもはや果たせなくなったことを、皇子たちはよく知っていた」（『日本の歴史―飛鳥の朝廷』小学館）とみる。ともかく〝飾り〟とはいえ、改新政治を遂行するために押し立ててきた孝徳帝を、中大兄と中臣鎌足《なかとみのかまたり》は見限ったのだ。

稲淵の宮殿遺構

飛鳥稲淵宮殿跡。河辺行宮跡説がある

昭和五十一年、明日香村稲淵《いなぶち》の稲淵川（飛鳥川上流）左岸から予期せぬ宮殿遺構が発見された。飛鳥国営公園の駐車場建設計画に伴って奈良（国立）文化財研究所が発掘調査したものだったが、大規模な掘っ立て柱建物四棟と河原石による広大な石敷き広場が検出され、人々を驚かせた。

　南向きの正殿《せいでん》、その北側の後殿《こうでん》、両側の南北に細長い脇殿《わきでん》などが東西対称に整然と並ぶ建物配置。宮殿中枢部と推測できる遺構だった。「飛鳥稲淵宮殿跡」と名付けられ、史跡に指定された。

　狭い敷地に小規模にまとめられた宮殿であることから、短期間利用した仮宮、あるいは皇子の住んだ宮と考えられた。造営時期は七世紀中葉。そして、「川辺」にある。そんなことから、中大兄の飛鳥河辺行宮跡、との見

方が浮上した。ただ、「飛鳥と呼ばれていた

川原寺跡。河辺行宮が営まれた地との見方がある

範囲から少し南にはずれ過ぎている」との見解もある。

川原の川原寺跡の下層遺構とみなす見解もある。川原寺跡は飛鳥川左岸にあり、昭和三十二、三十三年に発掘調査された。大理石の礎石のある中金堂などが出土、下層には、沼地を埋め立てた整地層、石敷き、石組み溝などがあった。

難波宮を引き揚げた中大兄皇子らが入った行宮はベールの中。飛鳥川の流れに沿う場所に営まれ、東アジア情勢に耳をそばだてた宮だったことだけは確かだ。

ワン・ポイント

前期難波宮

大阪城の南、大阪市中央区の馬場《ばんば》町、法円坂町一帯で発掘されている古代宮殿遺跡は難波宮《なにわのみや》跡と呼ばれる。遺跡の究明と保存に半生涯をかけた故山根徳太郎氏によって昭和二十九年（一九五四）に最初の発掘調査が実施されて以来、半世紀を超える調査の結果、ほぼ中軸線を共通する前・後期二時期の宮殿遺構の存在が明らかになり、主要部の建物配置などもほぼ明らかになっている。

上層の後期難波宮跡は大極殿《だいごくでん》院と朝堂《ちょうどう》院に重圏文《じゅうけんもん》の軒丸瓦《のきまるがわら》や蓮華《れんげ》・唐草文《からくさもん》の軒平瓦《のきひらがわら》を用いていた奈良時代の宮殿遺構で、聖武《しょうむ》天皇即位二年後の神亀《じんき》三年（七二六）に造営に着手、天平《てんぴょう》四年（七三二）に完成した平城宮の副都としての難波宮とされる。天平十二年、藤原広嗣《ふじはらのひろつぐ》の乱の最中に平城宮を出て、恭仁《くに》宮（京都府）、紫香楽《しがらき》宮（滋賀県）などを転々とした聖武天皇は、天平十六年（七四四）二月から一年余り、この難波宮を皇都としたこともあった。

下層の前期難波宮跡はすべて掘立柱建物の板葺《いたぶ》きか、檜皮葺《ひわだぶ》きの瓦を用いない宮殿だった。複廊に囲まれ、東西棟や南北棟が左右対称に整然と並ぶ朝堂院と内裏《だいり》前殿・内裏後殿などがある内裏部分から成る。主要建物の柱穴は直径七〇センチ以上もあり、豪壮な造りをうかがわせる。規模や殿舎配置は、飛鳥の諸宮より藤原宮に似ている。朝堂院と内裏を区切る内裏南門の東西に

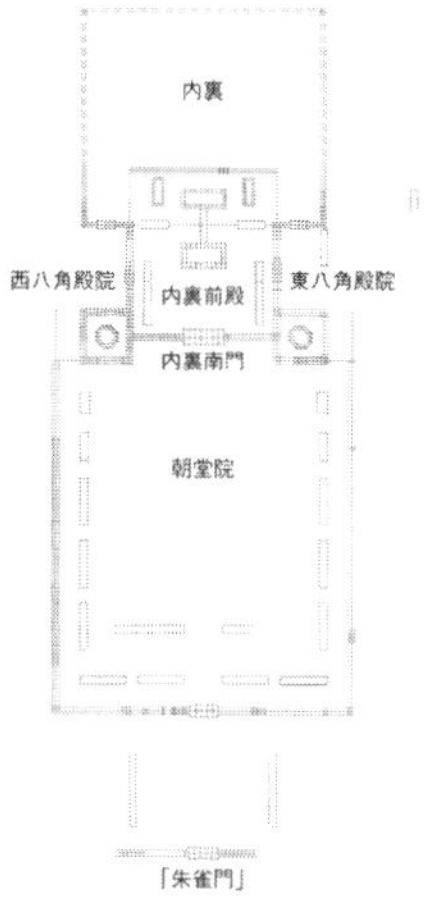

㊤前期難波宮の建物配置㊦前期難波宮復元模型。八角殿院が特徴的。長柄豊碕宮と考えられている（大阪歴史博物館）

は、八角形の「八角殿院」がある。他の諸宮には例がない、珍しい建物だ。内裏の西方からは巨大な倉庫建築群が発見されている。

全面に火災の痕跡があった。こうしたことも含めて、前期の遺構は天武《てんむ》天皇の朱鳥《あけみとり》元年（六八六）の正月十四日に「大蔵省から出火、宮室を全焼した」と『日本書紀』が伝える難波宮の遺構に間違いないと考えられている。

ただ、その造営時期については、孝徳《こうとく》朝に遡《さかのぼ》るとする考えと天武朝まで下るとする見解に分かれる。発掘調査に当たってきた故山根氏や中尾芳治氏は孝徳天皇の難波長柄豊碕宮《なにわのながらとよさき》と信じて疑わないが、「大化改新論争」ともからんでさまざまに論議されてきた。

難波津の長柄豊碕宮

中尾氏は、前期遺構を孝徳朝の長柄豊碕宮とする根拠として、①整地の年代は出土土器から七世紀中葉に比定できる。大化元年（六四五）の難波遷都に伴う長柄豊碕宮の造営がもっとも蓋然性《がいぜんせい》に富む。整地土層中に天武期に下る土器は一片も含まれていない②天武十二年（六八三）の「複都制の詔」までの間に長柄豊碕宮が造り替えられたという記事は『書紀』にない。斉明紀に「難波朝」

「難波宮」、天武紀に「摂津職《せっつしき》」「羅城《らじょう》築造」などの記事がみえ、長柄豊碕宮が天武期までに存続していたことを物語る③「複都制の詔」で百寮に家地を請わせているのは、造営の完成を示している、造営の開始ではない。「複都制の詔」を造営開始とみれば朱鳥元年の焼失までわずか二年ほどしかなく、前期遺構のように大規模な宮殿がそのような短期間で新造されたとは考えがたい④前期遺構全体が同一基準の尺度で設計、造営されていることや立地から内裏と朝堂殿は一体のものとし計画されている――などを挙げる。（中尾芳治「難波長柄豊碕宮―造営をめぐる二・三の問題」〔『明日香風』12号所載より要約〕）

これに対し、前期難波宮が孝徳朝の長柄豊碕宮とすることに疑問を呈し、天武朝の造営ではないかとする見解の根拠は、第一に「整い過ぎている」ことだ。

既に書いたように、前期難波宮は規模や構造が藤原宮と極めてよく似ている。その規模が、飛鳥の諸宮に比べて極めて大きいばかりでなく、内裏が前殿区域と後殿区域に分離したり朝堂院に広い朝廷と多数の朝堂を配置するなど「公的空間重視」の構造をもつ。天智天皇の大津宮ばかりか、天武天皇の飛鳥《あすか》浄御原《きよみはら》宮とみられる飛鳥京上層遺構よりも進んで整った構造といえる。このため、七世紀中葉の孝徳朝の造営とするのは律令体制の整備過程との間に整合性がない、理解しがたいとする考えだ。

伊勢神宮の式年遷宮が二〇年ごとに行われるのは掘立柱建物の耐用年数を示すものとの考えから、「前期難波宮が孝徳朝の長柄豊碕宮に始まるなら焼亡まで三三年あり、少なくとも一度の建て替えがあってしかるべきだが、建て替えが認められるのはごく一部に過ぎない」との指摘もあった。

こうした見解に対し中尾氏は、「白村江《はくすきのえ》の敗戦後の緊迫した国際状況のもとに、あわただしく遷都《せんと》造営された大津宮や壬申の乱直後に遷都された飛鳥浄御原の方が、日本の都城の発展系列ではむしろ異質のものではなかったか」と反論する。

造り替えについても、伊勢神宮の二〇年に一度の式年遷宮の理由をすべて耐用年数に求めることはできないことや二〇年を超えて存在した掘立柱建物の実例は数多いことを挙げる。さらに、白雉《はくち》三年（六五二）に完成した長柄豊碕宮が、「その宮殿の状《かたち》、殫く《ことごとく》論ずべからず（言葉につくしがたいほど立派であった）」（孝徳天皇紀）と特筆される程であったことを挙げ、前期難波宮跡を長柄豊碕宮とみなすことに自信をみせる。

そして中尾氏は、「豊碕」と美称された上町台地先端部は、難波津と難波の堀江をひかえた交通の要衝で、一帯は大郡《おおごおり》、難波館《なにわのむろつみ》など外交関係の官衙《かんが》や迎賓館、西国地方を支配するための役所である小郡《おごおり》、朝廷の物質を管轄する倉庫群、諸豪族の邸宅などが建ち並び、都市的様相をみせる場所だった、と考える。

（直木孝次郎編『古代を考える　難波』吉川弘文館所収、中尾芳治「難波宮発掘」）

大化改新の評価

大化二年正月に発布された「大化改新詔」については、津田左右吉氏以来、井上光貞氏、岸俊男氏ら多くの古代史学者によって文献批判の研究が進められ、多くの潤色《じゅんしょく》、造作が施されていることが明らかになっている。令文《りょうぶん》はそのまま史実として信じることはできないこと、七〇一年施行の大宝令《たいほうりょう》の令文の転載が多くみられることが知られるようになった。

藤原宮跡出土の木簡群は、大化改新で設けられたとする「郡」は大宝元年以降の木簡にしか見られないこと、それより以前はすべて「評」を用いていたことを明らかにし、改新詔の〝ウソ〟を見破った。

こうした中、すべてを大宝令の転載として、詔の存在そのものを否定する見解も出た。原秀三郎氏、門脇禎二氏らによって提示されたいわゆる「大化改新虚構論」。かつて、「皇国史観」のもとで「大化改新」を「建武中興《けんむのちゅうこう》」「明治維新」と並ぶ皇権回復の政治改革とみなしたのとは一八〇度転換の古代史解釈だった。

「河内王朝」や「難波王朝」の提唱者として知られる直木孝次郎氏（大阪市立大名誉教授）も、「改新詔」は『書紀』編者の潤色・造作が多い、とみる。しかし、「孝徳朝に各種の改革がおこなわれたのは事実」として、「やはり大化改新は日本古代史上の重要な意義をもつ事件といわなければならない。目的とするところは、唐制をとりいれて、天皇と畿内有力豪族によって構成される朝廷の権力を強化し、統一国家を実現することであろう」とする。

そして、その「孝徳朝の政治改革」の実例として第一に「難波遷都」、第二に「小郡宮・長柄豊碕宮の造営」を挙げている。

直木氏は『古代を考える　難波』（吉川弘文館）でいう。「孝徳朝以前の大和にあった宮城の実態はほとんど不明なので、厳密には比較できないが、長柄豊碕宮に匹敵するような宮殿があったとは思われない。豊碕宮の成立は真新しい政治組織の成立を語るものと考えてよかろう」

12 狂心渠《たぶれごころのみぞ》・両槻宮《ふたつきのみや》―狂乱の斉明朝

孝徳《こうとく》天皇が亡くなった翌年（六五五年）、宝《たから》皇女（元皇極天皇）が飛鳥板蓋《いたぶき》宮で再祚《さいそ》、斉明《さいめい》天皇となった。宝皇女は舒明《じょめい》天皇の元皇后で、中大兄《なかのおおえ》皇子や大海人《おおしあま》皇子の母でもあった。生前の退位は初めてだったが、再祚も空前。六十二歳になっていたといわれる。

　斉明は即位後すぐ、小墾田《おはりだ》宮を瓦葺《かわらぶ》きにしようとした。しかし、用材の多くが朽ちたためにやむなく中止したという。その年の冬、板蓋宮が炎上、飛鳥川原宮に移った。翌六五六年、亡き夫帝の最初の宮殿だった岡本宮を大改造、後飛鳥岡本《のちのあすかおかもと》宮とした。

『書紀』は続けて次のように記す。

　田身嶺《たむのみね》の頂に垣を巡らせ、嶺の上の二本の槻《つき》の木のそばに観《たかどの》を建てた。両槻宮《ふたつきのみや》と名付けた。また天宮《あまつのみや》ともいった。

　天皇は造営工事を好まれ、香山《かぐやま》の西から石上山まで水路を掘らせた。舟二百隻に石上山の石を積み、流れに沿って引き、宮の東の山に積み重ねて垣とした。

　人々は「狂心渠《たぶれごころのみぞ》」と非難した。

「水路工事に費やされる人夫は三万余、垣を造る工事には七万余だ。宮殿の用材は朽ち果て、山の頂も埋もれる」

　また、

「石の山丘は作るはしから自《おの》ずから崩れるだろう」

とそしる者もあった。
吉野宮も造った。

〈巻第二十六・斉明天皇〉

相次ぐ土木工事は何だったのか。「両槻宮《ふたつきのみや》」はどこにあり、どのようなものだったのか。「田身嶺《たむのみね》の頂の垣」と「宮の東の山」に積んだ石積みは同じものだったのか、違ったのか。「狂心渠《たぶれごころのみぞ》」は資材運搬用の運河だったらしいことはうかがえるが、何のため、どこに掘られたものか。さまざまに推論や論争が繰り広げられてきた。

有馬皇子の謀反

ともかく、斉明女帝は土木工事を好んだ。寺尾勇氏は「日に夜をついだ土木事業。心のうつろを満たす焦りでもあろうか」(『明日香風』9号)と推定する。女帝の「異常性」を指摘する見解も少なくない。

斉明四年(六五八)の五月、建王《たけるおう》(中大兄の子)が八歳で亡くなった。耳が不自由でことばが話せなかった孫の死。天皇はひどく悲しんだ。数多くの挽歌《ばんか》をつくり、いつもそれを口ずさみながら泣いた。

十月になって、悲しみをいやそうと紀《きの》温湯《ゆ》(和歌山県・白浜温泉付近)へ出掛けた。中大兄らも同行した。

留守中、蘇我赤兄《そがのあかえ》が有間《ありま》皇子を訪ねた。

「天皇の政治には三つの過失があります。一つは大きな倉庫《くら》を建て人民の財物を集積すること。二つめは延々と渠水《みぞ》を掘って公の食料を浪費すること。舟で石を運び、丘のように積み上げることが三つめです」

有間皇子は赤兄が自分に好意を持っていると思い、喜んだ。

「私もいよいよ武器を取る年齢になった」

二日後、こんどは有間皇子が赤兄の家に行き、楼《たかどの》に登って謀議した。脇息がひとりでに折れた。不吉な前兆—。有間はすぐ、市経《いちふ》（生駒市壱分付近？）の家へ引き返した。

その夜更け、赤兄は有間の家を囲み、天皇のもとに急使を出し、謀反を報告した。

有間は逮捕された。紀温湯に護送された。中大兄がじきじきに取り調べた。

「なぜ謀反したのか」

「天と赤兄とが知っていよう。私は何も知らぬ」

有間は藤白坂《ふじしろのさか》（和歌山県海南市）で絞首刑に処された。一味の舎人ら二人が斬殺され、二人が東国に流された。

〈巻第二十六・斉明天皇〉

磐代《いわしろ》の浜松が枝を引き結び
ま幸《さき》くあらばまたかへり見む
家にあれば笥《け》に盛る飯《いひ》を草枕《くさまくら》
旅にしあれば椎《しい》の葉に盛る

名高いこの二首の万葉歌は、護送される途

中の有間皇子が紀温湯の手前で詠んだ、と伝える。草木の枝を結ぶのは旅の安全を祈る習慣、ひそかに許されることを期待していたのか。

有間皇子は十九歳だった。孝徳天皇の一粒種。皇位継承の有力候補者の一人だった。十八歳のときのこととして「陽狂《うほりくるい》す」とある。

なぜか「狂人を装った」のだ。皇位への野心を隠すためだったのか。中大兄への警戒から

㊤藤白坂㊦藤白神社境内にある有馬皇子を祀る神社
(いずれも和歌山県海南市)

だった、とみる向きが多い。難波宮《なにわ》に置き去りにした父・孝徳帝への仕打ちは記憶に生々しかったはず。

　さまざまな推理があるが、この事件もまた、中大兄がライバルを消すために赤兄を使って仕組んだ、との解釈が圧倒的だ。赤兄は、事件後トントン拍子に出世、近江朝廷の左大臣として重きをなした。

　ただ、事件の背後にあった「民の不満」も見逃せない。「三失政」を挙げつらった赤兄のことばは「謀反の道理」として説得力を持っていた。人民を使役し続けた大土木工事、陰湿な謀略…。

　斉明朝をして「狂乱の時代」と呼ぶ研究者もいる。

酒船石遺跡

　平成四年（一九九二）、飛鳥の謎の石造物の代表格ともいえる「酒船石《さかふねいし》」がある明日香村岡の丘陵から砂岸の切石を積み上げた石垣の列が見つかった。丘陵そのものが各所で地山を削り出したり、版築《はんちく》工法（土を固く突き固める古代工法）を用いて造成していたことが判明した。「酒船石遺跡」と命名された。

　その後、十年以上にわたる調査で、石垣は、西側斜面では四段に築成され、中腹（標高一三〇メートル等高線付近）では延長七〇〇メートルにわたって築かれ、丘をぐるりと取り巻いていたことが分かった。

　現場は、後飛鳥岡本宮が造営されていた可能性が高いとされる飛鳥京跡（伝承・飛鳥板蓋宮跡）の東側。それは、「累石為垣（石を累ねて垣となす）」とした「宮東山」の光景をほうふつさせるものだった。同時に、「冠状周垣（冠らしむるに周れる垣を以てす）」と記す「田《た》身嶺《むのみね》の両槻宮《ふたつきのみや》」の光景も想起させるものだった。

　両槻宮であるのかどうかは研究者の間で見解が分かれる。門脇禎二氏や猪熊兼勝氏は「両槻宮そのもの」とみたのに対し、千田稔氏や菅谷文則氏や和田萃氏らは「両槻宮はやはり、ずっと東方の多武峯《とおのみね》山中（桜井市）にあった」とする。千田氏は、「観」とは道教の寺院を意味する「道観」のことで、道教の宮殿＝天宮だったと推測する。

酒船遺跡から出土した天理砂岸の石垣遺構（明日香村教育委員会提供）

　「石の山丘」と「両槻宮」を同一と読むかどうか、「田身嶺」を「多武峯」のことと考えるかどうか、『日本書紀』の読み方と解釈の問題でもある。

　酒船石そのものも、酒造器説、占星台説、灯油製造器説、さらにゾロアスター教の薬品製造器説などが入り乱れ、依然、謎に包まれたままだ。

亀形石造物

平成十二年（二〇〇〇）、丘陵北端のすそ部から花崗岩《かこうがん》製の亀形石造物と小判形石造物が発見され、大きな注目を集めた。亀形石造物は、甲羅《こうら》の部分が水槽になっていた。尻尾の部分には排水のための小穴が開けられていた。

酒船石遺跡の石垣と同じ砂岸の切石を組み合わせて造った湧水施設も発見され、その湧水施設の給水塔から木桶などを使っていったん小判形石造物に水を送り、連結した亀形水槽の亀の鼻に注ぐ仕掛けになっていた。周辺は当初、砂岸を敷きつめ、広場としていたことも分かった。（後に大部分を花崗岩の河原石敷きに改修）

新亀石――。飛鳥に新たな謎の石造物の登場。発見時、マスコミや飛鳥ファンばかりでなく研究者らも、解釈の難しい珍奇な石造物

亀形石造物と湧水施設（明日香村教育委員会提供）

と導水施設の出現に衝撃を受け、戸惑い、興奮した。

酒船石北方遺跡と呼ばれるが、用途、性格についてはさまざまな見解がある。酒船石遺跡と一体であるかどうか、についてもさまざまな論議がある。

「水にかかわる祭祀」に関係する遺跡との見方が大勢を占めた。発掘調査に当たった明日香村教委の西光慎治氏も「聖なる水」を得るための施設と考えた。

「聖なる水」を用いた祭祀が、何を祈るものので、どのような性格のマツリであったのかはっきりしないものの、桜井市の纒向《まきむく》遺跡内や御所市の南郷大東《なんごうおおひがし》遺跡から出土した導水施設などと同じ系譜の上にあると考える研究者も多い。

一方で、道教と関連する施設とする考え方も少なくない。千田稔氏は、中国・山東省には亀が崑崙《こんろん》山という仙人の住む世界＝神仙郷を支える画像石があることなどから、亀形石造物は両槻宮という神仙郷を背に負う構図のもとに造られた、と解釈する。和田萃氏も、湧き出している水はおいしい「醴泉《れいせん》」にあたるものと考え、斉明女帝が神仙思想に基づく秘儀を行った施設とみる。

門脇禎二氏は、百済《くだら》救援軍の派遣や蝦夷《えみし》征伐軍の派遣を前に斉明天皇が派遣軍の武運長久を願う水占いを行った遺跡、と考える。「亀は地霊・水霊を体現した象徴」として、聖水を汲み上げる王権の祭祀場だった、とみる。汲み上げた聖水は酒船石まで運び上げ、飛鳥京の宮殿や苑池の方向に向かって注ぎ流された可能性も考える。「己れひとりの長寿や神仙となっての蓬莱《ほうらい》山への登化を祈ったとは、わたくしに理解されない」と道教祭祀遺構説には強く反発する。（『飛鳥と亀形石』学生社）

このように、酒船石遺跡と酒船石北方遺跡の用途、性格、互いの関係などについてはさまざまな見解があり、確定しない。ただ、両遺跡とも斉明朝に斉明女帝の意思で造られたものであることは間違いないものとされる。また、斉明女帝が何らかの形で関わる「王権の施設」であったという点でも、研究者の見解が一致している。

その最大の根拠は、両遺跡で大量に使用されている砂岩が、斉明二年に狂心渠《たぶれごころのみぞ》を船二百隻で運んだと『日本書紀』が伝える「石上山の石」とみられることからにほかならない。

石の産地に詳しい奥田尚氏の鑑定で、天理市の豊田町から石上町にかけての丘陵地、豊田山（石上山）で産出する、いわゆる「天理砂岩」であることがはっきりしたのだ。

豊田山と明日香村の酒船石遺跡とは、直線距離にして一五キロ程も離れている。しかし、その豊田山で採取される「石上山の石」がはるばると運ばれて、石垣や敷石に用いられていた。『日本書紀』の記述の通りだった。

ワン・ポイント 「狂乱の斉明朝」は本当か

酒船石遺跡と酒船石北遺跡に用いられた「天理砂岩」は、『日本書紀』の記述通り、斉明二年に掘られた「狂心渠《たぶれごころのみぞ》」によって運ばれたものと考えられる。果たしてその「狂心渠」はどこに掘られたのだろうか、どのようなものだったのだろうか。

石上山の石

和田萃氏は、『東アジアの古代文化』１０５号（大和書房）所収の「二つの亀石」で、「天理の石上山《いそのかみやま》（豊田山）から切り出した天理砂岩を、おそらく布留川水系と寺川水系を用

展示公開されている酒船石遺跡の亀形石造物
（明日香村飛鳥）

いて香久山の西まで運んだ。ところがそれらの天理砂岩を、香久山の西から後飛鳥岡本宮の東の山（酒船石丘陵）まで運ぶ水路がなかったため、狂心の渠が掘削された。そして宮の東の山に石上山（豊田山）の石を運び上げて石垣を築いたので、酒船石丘陵は飛鳥の石上山と称されるようになったのである」と書き、香久山の西から明日香村に通じるルートを推定した。

香久山の西から大官大寺跡西側を経て南方へ向かっていまも確かに、川跡か運河跡を思わせる低地の帯が続き、寺川の支流の米川《よねかわ》へ流れる中ノ川が流れる。和田氏は、この中ノ川とほぼ同じ川筋で、中ノ川だけでは水量が足りないので、甘樫丘《あまかしおか》の東か北くらいの地点から飛鳥川の水を引いていた、場合によっては、飛鳥川を経て酒船石丘陵の麓まで運河が通じていた可能性もある、と考える。（『明日香風』12号所収「百済宮再考」）

香具山北方を流れる中ノ川

木下正史氏も、飛鳥川の木葉堰《このはのせき》から水落・石神遺跡を経て中ノ川、米川通じる流れのうち、石神遺跡から米川への合流点までの約三・四キロを狂心渠の有力候補と考えている。(『飛鳥・藤原の都を掘る』吉川弘文館)

林部均氏は、やはり中ノ川を狂心渠の痕跡とみるが、石神遺跡や飛鳥川方面へ通じるルートではなく、飛鳥座神社西南で発見された飛鳥東垣内遺跡に通じるルートと推定する。同遺跡からは幅約一〇メートル、深さ三メートルの素掘りの溝の遺構が検出されており、上流は酒船石遺跡の丘陵の方向にのび、下流は飛鳥寺の寺域を迂回して直角に曲がる中ノ川に通じていた、という。(『飛鳥の宮と藤原京』吉川弘文館)

『日本書紀』の「狂心渠」の説明をもう一度みてみよう。

自香山西　至石上山　以舟二百隻　載石上山石　順流控引
(香山西より石上山に至る。舟二百隻に石上山の石を積載し、流れにしたがって引く)

記事中に「石上山」が二カ所登場するが、和田説では、「至石上山」の「石上山」は酒船石丘陵のことと考える。天理市の石上山の石を運び上げて石垣を築いたので「石上山」と称されるようになったと解釈する。

　しかし、同じ文節の中に登場する「石上山」が、一方が明日香村の酒船石丘陵のことで、一方が天理市の石上山（豊田山）を指すというようなことがあるだろうか。少し無理があるのではなかろうか。すなおに、「石上山」はいずれも天理市の石上山を指すと考えた方がいいのではないだろうか。「狂心の渠」は、香久山の西から南方に掘られただけでなく、北方の天理方面へも通じていた、と考えた方がいい

石上山（豊田山）は、天理市街地北側の丘陵一帯

天理砂岩（酒船石遺跡）

のではないだろうか。

『日本書紀』の記事は「流れに従って引く」としているのに、狂心渠が香久山の西側から明日香村までの区間だったとすれば下流から上流に向かって運んだことになって、完全に矛盾してしまう点も気に掛かる。

和田氏の言うところの布留川水系と寺川水系の活用、これを可能にする河川改修や水路（運河）の建設こそ「狂心」とそしられた大土木事業ではなかったか、と考えたりしている。

大和平野大改造

いま、寺川は、橿原市新賀町付近からほぼ真っ直ぐ北へ、田原本町方面へ向かって流れている。下ツ道（近世の中街道）に沿って北流する。しかし、本来の自然の流れはこんなま北にまっ直ぐ流れるような行儀のいいものではなかったはず。もっと蛇行したり、氾濫でどこが本流か分からなくなっていたり、大きく流路を変えたりしていたはずだ。治水・利水の大掛かりな改修が行われたのではなかろうか。

いまにその痕跡をくっきり残す碁盤目状の大和条里《じょうり》は、少なくとも奈良時代の中ごろまでに整備された、といわれる。条里の基準線となった上ツ道、中ツ道、下ツ道などの古代幹線道路は、壬申《じんしん》の乱（六七二年）の時点で存在したことが分かっている。

まず、〝暴れ川〟の大和川の各支流の治水工事が進められ、水田の灌漑にも用いられるように付け替え、堤防を築き、そして運河（交通路）としても利用できるように改修が進められていったのではなかろうか。併行して、上ツ道、中ツ道、下ツ道などの幹線道路や大和条里の整備が進められたのではなかろうか。

そうした大和平野、つまり都の地の大規模な開拓と土地区画整理事業、いわば大改造計画の立案と実行は、「大化改新」が軌道に乗り、難波宮から大和に戻った斉明朝あたりに本格化したと考えて決して無理はない。

「狂乱の斉明朝」の内実は、大和平野大改造プロジェクトの幕開けだったのではなかろうか。それは、確かに「興事の時代」であり「土木の時代」であったが、一女帝の「狂心」や趣味によるものではなく、古代国家建設のツチ音だった、と考えたい。

13 須弥山石《しゅみせんせき》——古代蝦夷

斉明《さいめい》天皇四年の夏四月、安陪臣《あへのおみ》（安倍比羅夫）が、軍船百八十艘をひきいて蝦《え》夷《み》を討《し》った。齶田《あぎた》、渟代《ぬしろ》の蝦夷はすっかり恐れ、降伏を願ったので、船を齶田浦《あぎたのうら》に着けた。

齶田の蝦夷恩荷《おが》が進み出て、

「私たちが弓矢を持っているのは官軍に敵対するためではありません。肉食の習性があるので、それで持っているのです。潔白な心で朝廷にお任えします」

と誓った。

恩荷に小己上を授け、渟代《ぬしろ》、津軽《つかる》二郡の郡領に定めた。

しばらくして、有間浜《ありまのはま》で渡嶋《わたりのしま》の蝦夷らを饗応して帰らせた。

〈巻第二十六・斉明天皇〉

齶田《あぎた》は秋田、渟代《ぬしろ》は秋田県能代。津軽《つかる》は青森県の津軽地方、渡嶋《わたりのしま》は北海道のこととされる。安倍比羅夫《あへのひらふ》は越《こし》国守だった。大船団を組んで日本海を北上、奥羽《おうう》地方の蝦夷征討に向かい、北海道の蝦夷らとも接触したらしい。

比羅夫の東北蝦夷征討は、斉明五年と六年にも行われた、と伝える。

斉明五年の征討は、「軍船百八十艘で向かい、飽田、渟代の蝦夷二百四十一人、津軽の蝦夷百十二人らを集めて大がかりな饗応を行い禄物を支給した」とある。

斉明六年の征討は、「軍船二百艘をひきい粛慎国《みしはせのくに》を討った」とある。「粛慎国」は不明だが、シベリア方面の国ともいわれる。

蝦夷の饗応

蝦夷は武力による征討の対象だけでなかった。斉明紀には、飛鳥や難波《なにわ》の都で、百済《くだら》、新羅《しらぎ》、高麗《こま》、覩貨羅《とから》など諸外国の使節らとともに蝦夷、隼人《はやと》など列島辺境の人々を幾度となく饗応したことを伝える。

斉明元年秋七月、難波宮で、北の蝦夷九十九人、東《あずま》の蝦夷九十五人を饗応した。柵養《きかう》の蝦夷九人と津刈《つがる》の蝦夷六人には冠位を授けた。

斉明四年秋七月、二百人余りの蝦夷が参上。朝廷は手厚く饗応し、渟代《ぬしろ》、津軽《つかる》の蝦夷らに位階を授け、弓矢、鎧《よろい》、鼓《つづみ》、旗などを賜った。

斉明五年三月、甘檮丘《うまかしのおか》の東の川上《かわら》に須弥山を造り、陸奥と越の蝦夷を饗応した。

斉明六年夏五月、石上池のほとりに須弥山を作り、粛慎四十七人を饗応した。須弥山は廟塔ほどの高さがあった。

〈巻第二十六・斉明天皇〉

ざっとこんなところである。飛鳥の都にやってきた蝦夷らは、阿倍比羅夫の三度にわたる征討の結果、服属した者たちだったのだろう。
それにしても不思議なほど蝦夷らの抵抗は伝えない。戦闘や殺りくに関する記事はまったくない。朝廷側も饗応や賜禄《しろく》、位階授与などに心を砕き、極めて〝平和的な征討〟だったように伝える。

石神遺跡

中大兄皇子が造った漏剋《ろうこく》（水時計）台とされる水落《みずおち》遺跡の北側に隣接して、蝦夷や隼人《はやと》を饗応した飛鳥の都の饗宴場だったと考えられている大規模な遺構が広がる。石神《いしがみ》遺跡と呼ばれる。いま飛鳥資料館にある噴水施設、須弥山《しゅみせん》石と石人《せきじん》像の出土地でもある。

石神遺跡

奈良文化財研究所が昭和五十六年（一九八一）から三〇年にわたって継続調査を実施、整然と建ち並ぶ建物、広場、井戸、溝などが、南北約一八〇メートル、東西約一三〇メートルの範囲に計画的に配置されていることが明らかになった。七世紀を通じて機能し、何度も造り替えられていた。

飛鳥寺の西北方で甘樫丘の東方、飛鳥川の右岸に当たる。斉明紀にある蝦夷らの饗応の場、「甘樫丘の東の河原」にぴったりの場所だ。「石上池のほとり」とする記事もあるが、「イシガミイケ」と読めば石神遺跡の「石神」に通じる。

須弥山石は明治三十五年（一九〇二）に、石人像は翌三十六年に掘り出された。

須弥山石は、三つの花崗岩《かこうがん》を積み重ね、高さ二・三メートル。上段と中段の石の表面に仏教世界の中心とされる須弥山《しゅみせん》の山波を彫り出す。一番下の石には水波文を彫っている。内部には空洞が造られ、サイフォンの原理で底から水を注入できるようになっている。昭

水を噴き出す須弥山石（右）と石人像。いずれも饗宴場の噴水施設だった（飛鳥資料館前庭の模造品）

和六十一年に飛鳥資料館が実施した通水実験で下段にある四つの小孔から水が勢いよく飛び出し、噴水施設であることが確認された。

石人像は、杯を捧げて抱き合う男女を彫る。高さ一・七メートルで、ほぼ等身大。女はスカートをはき、筒袖の上衣を着ている。高松塚古墳壁画の女人像と同様、チマチョゴリに似た衣服だろう。男女の口からうがたれた穴が途中で合流し脚部まで通じる。脚部から圧力をかけた水を送り込めば、二つの口から吹き出す。やはり噴水施設だったらしい。

斉明紀には須弥山石のことが三回も登場する。石神遺跡出土のものがどれに当たるものか定かでない。まだどこかに埋まるものがあるのか、記事の重複かも分からない。ただ、石神遺跡の最盛期は斉明朝だったことは間違いないようで、出土した須弥山石と石人像も斉明朝のものであることは確実とされる。

蝦夷の正体

『日本書紀』には次のような記事もある。斉明四年、遣唐使が道奥《みちのく》の蝦夷《えみし》の男女二人を中国に連行、唐の天子に見せた、というのである。「伊吉連博徳《いきちのむらじはかとこ》書」を引用する形で書いている。唐の天子は、洛陽に滞在中の高宗、答えるのは遣唐使の津守吉祥連《つもりのきさのむらじ》だった。


「ここに居る蝦夷の国はいずれの方にあるのか」

「東北の方角にあります」

「蝦夷は幾種類あるのか」

「三種類あります。遠方を都加留《つかる》、次を

麁蝦夷《あらえみし》、近いものを熟蝦夷《にぎえみし》といいます。ここにいるのは熟蝦夷で、歳ごとに入貢してまいります」

「蝦夷の国には五穀はあるのか」

「ありません。肉を食しています」

「屋舎はあるのか」

「ございません。深い山中で樹木の本に住んでいます」

「蝦夷の身体や顔の奇怪なようすを見て、大変嬉しく、驚いた。また会うことにしよう」

〈巻第二十六・斉明天皇〉

蝦夷は農業を知らず、もっぱら狩猟生活を送っている。家屋はなく樹木の下で眠り、顔つきや身体つきも奇怪——。異人種、異民族として記述している。

古代蝦夷の実態を伝えるのだろうか。景行天皇紀にもつぎのような記事がある。日本武尊《やまとたけるのみこと》に東征を命じた際の蝦夷についての説明だ。

「東夷の中で蝦夷が最も強い。男女が雑居し、父子の別がない。冬は穴に住み、夏は木の上に住んでいる。毛皮を着て、血を飲み、山に登るときは飛ぶ鳥のようであり、草を走るときは逃げる獣のようである。恩を承《う》けても忘れ、怨《あだ》をみれば必ず報復する。矢を髪の中に隠し、刀を衣の中に帯び、党類を集めて辺境を犯し、農桑《なりわい》をねらって人民を略奪している。攻撃をしかければ草に隠れ、追えば山に入ってしまう。往古より王化していない」

『日本書紀』編さん時、つまり軍事力によ

る蝦夷の征圧を本格的に開始した奈良時代初めの蝦夷感を反映した内容といわれるが、未開、野蛮で、強暴な異民族として描く。

蝦夷とは何だろうか。

「蝦夷は異民族、アイヌだ」とする説は根強い。東北北部にアイヌ語地名が多数残り、北海道系の続縄文土器や擦文《さつもん》土器が多く出土する考古学的事実などからも蝦夷アイヌ説への支持は少なくない。

一方、「蝦夷は縄文人の後裔」とする説がある。この場合、和人も縄文人の血を引くから、蝦夷は文化的にやや遅れていたに過ぎず異人種や異民族ではない、とする。非アイヌ説（蝦夷辺民説）である。戦後の文献批判の古代史研究の高まりの中で優勢になった。

工藤雅樹氏は、「二つの説を対立した説とみなさなくてもいい」とする。東北地方の文化は、南の文化と共通する一面と北海道の文化と共通する一面の二面性がある。東北の古代蝦夷とは、北海道の縄文人の子孫とともにアイヌ民族の一員となる道もあったが、最終的にはその道をとらず日本人の一員に組み入れられた人たち、と考える。（『古代蝦夷』吉川弘文館）

城柵の設置

蝦夷との〝平和友好〟は長続きしなかった。大和朝廷は律令国家体制の整備と平行して、城柵を設けて東北地方の征圧と開拓を進める。

大化改新の直後、越《こし》の国に設置された渟足《ぬたり》柵（六四七年）と磐舟《いわふね》柵（六四八年）が最初の城

払田柵（秋田県大仙市）

柵だった。渟足柵は後の沼垂《ぬたり》郡、現在の新潟市付近、磐舟柵は式内社の石船《いわふね》神社があった村上市岩船付近と推定されているが、遺構などはまだ発見されていない。新潟平野にはまだ大和朝廷の支配が完全に行き渡っていなかったらしい。

斉明四年（六五八）には都岐沙羅《つきさら》柵が設けられた。山形県庄内平野の最上《もがみ》川河口付近の可能性がいわれる。

以後、城柵の設置は、九世紀初頭の徳丹《とくたん》城（岩手県紫波郡）まで、およそ百六十年間にわたって続いた。文献にみえるものだけで二十数カ所に上る。宮城県の多賀城（七二四年）、玉造《たまつくり》柵（七五九年）、桃生《ものお》城（同）、伊治《これはり》城（七六七年）、秋田県の秋田城（七六〇年）、岩手県の胆沢《いざわ》城（八〇二年）、志波《しわ》城（八〇三年）などがよく知られる。

発掘調査が進み、中枢部が復元公開されている秋田県の払田柵《ほったのさく》は雄勝城《おがら》（七五九年）の跡かともいわれる。

城柵の発掘調査では、砦《とりで》的機能よりむしろ官衛《かんが》的要素が強かったことが知られるようになってきた。必ずしも武力制圧を意図した東北経営ではなかったらしい。

しかし、大がかりな開拓、入植を伴った国家権力の進出、征圧は、現地住民の蝦夷との間にさまざまな摩擦を生んだことは容易に想像できる。奈良時代から平安時代にかけ、武力行使による「征夷《せいい》」と呼ばれる征圧活動が繰り返された。関東地方を中心とする東国各地から多数の兵を徴集して軍事活動を展開した。

奈良時代では聖武《しょうむ》朝に三万人、光仁《こうにん》朝に二万人を派兵した征夷が伝えられ、平安時代初めの桓武《かんむ》朝には十万人規模の征夷（延暦十三年の征夷＝七九四年）があった。

坂上田村麻呂《さかのうえのたむらまろ》が征夷大将軍に就いたのはこの頃、蝦夷側には伝説的英雄の阿弖流為《あてるい》がいた。阿弖流為は、北上川東岸の戦いで征夷軍四〇〇〇人に壊滅的打撃を与えたと伝えられる。結局は田村麻呂に捕らえられ、平安京に連行された。田村麻呂の助命嘆願は通らず、河内国内で処刑された。

14 小市《おち》（越智）岡《のおか》—百済救援軍の派遣

斉明《さいめい》六年（六六〇）十月、唐、新羅と戦う百済の佐平鬼室福信《きしつふくしん》が、救援軍の派遣と人質として日本にいた余豊璋の送還を求めてきた。

斉明女帝は、

「百済国は戈《ほこ》を枕にし、胆《い》を嘗《な》める苦労をしつつ、救援を願い出てきた。どうして見捨てることができようか」

と十二月、難波《なにわ》宮に移り、救援軍派遣の準備に着手。翌年の正月、難波津《なにわのつ》から船で、みずから西征に出発した。

途中、大伯海《おおくのうみ》（岡山県）に至った時、大田皇女が女子を産んだ。伊予（愛媛県）の熟田津《にぎたつ》を経て、三月、娜大津《なのおおつ》（博多港）に到着した。磐瀬行宮《いわせのかりみや》に入り、そこを長津《ながつ》宮と改めた。

〈巻第二十六・斉明天皇〉

斉明女帝の西征

女帝の西征には、中大兄《なかのおおえ》皇子はもちろん、大海人《おおしあま》皇子、中臣鎌足《なかとみのかまたり》ら朝廷の要人の大半が同行したらしい。女性たちも伴った。大田皇女は中大兄皇子の娘で大海人皇子の妃、西征の途上の大伯海で大泊《おおく》皇女を産み、博多滞在中には娜大津《なのおおつ》で大津皇子を産む。大田皇女の妹、鸕野讃良《うののさらら》皇女（のちの持統《じとう》天皇）も同行、博多で草壁《くさかべ》皇子を産んだ。

熟田津《にぎたつ》に船乗りせむと月待てば
　潮もかなひぬ今はこぎいでな

額田王《ぬかだのおおきみ》の有名な万葉歌は、西征の途上、伊予の熟田津（松山市付近の港）を出発するときに詠まれた、という。

ともあれ、朝廷がまるごと九州に移動する、それほど大規模な軍事行動だった。

しかしこの時、百済は既に滅亡していた。西征の前年にあたる六六〇年、唐・新羅連合軍の攻撃を受けた。蘇定方《そていほう》の率いる唐軍は水陸十万、金庾信《きんゆうしん》らが率いる新羅軍は五万。酒池肉林の生活に明け暮れていた義慈王の百済はひとたまりもなく、扶余《ぷよ》の泗沘《しひ》城は落ちた。官女たちが、白馬江《はくばこう》（錦江）の岩壁から次々と身を投げた、という。岩壁は「落花巖」と呼ばれて、いまも百済滅亡の悲話を伝える。

降伏した義慈王は、一族や百済人捕虜一万二千人とともに唐の都、長安に連行された。ただ、高句麗征討に力を傾ける唐の百済進駐軍は手薄だった。このため、滅亡直後から遺臣らによる百済復興の反乱活動が始まった。福信が日本に救援軍派遣と、三〇年にわたり人質として日本に滞在していた王子の余豊璋の送還を求めたのは、泗沘城奪回も夢でない状況まで盛り返した時だったといわれる。豊璋を王に立て、一気に百済回復をはかろう、と福信らは考えた。

朝廷は、福信の要求に全面的に応じた。しかし、斉明女帝はその年のうちに遠征先の九州で亡くなり、二年後の六六三年、救援軍は白村江《はくすきのえ》で唐水軍に惨敗、百済も壊滅する。そして、日本は唐帝国の脅威におびえることになるのである。

『日本書紀』の西征の叙述は異様に暗くて、気味悪い。

博多の長津宮に入った斉明女帝は二カ月後に朝倉橘広庭宮《あさくらのたちばなのひろにわ》に移った。福岡県朝倉市とされる。福岡市から東南へ四〇キロ以上も離れている。なぜ、そんなところに滞在したのか、よく分からない。朝倉社の木を切り払って宮を造ったため、神（雷）が怒って殿舎を破壊した。鬼火が出て多くの人が病死、五カ月後の秋七月、天皇自身が亡くなった。「朝倉山の上に鬼が現れ、大笠をつけて、宮を出る喪列を見送った」とも書く。

女帝の亡きがらはいったん磐瀬宮（長津宮）に運ばれ、海路で大和に帰ってきた。十一月七日、飛鳥の川原で殯を行った。

そして六年。天智称制六年の春二月、舒明《じょめい》天皇との間にできた娘で孝徳《こうとく》天皇の皇后だった間人《はしひと》皇女とともに小市岡上《おちのおかのうえ》陵に合葬した。同じ日に、大田皇女を陵の前の墓に葬った、と『日本書紀』は記す。

牽牛子塚古墳

明日香村越、近鉄飛鳥駅の西約五〇〇メートルの尾根上に牽牛子塚《けんごしづか》古墳と呼ばれる終末期古墳がある。二上山で産出する巨大な凝灰岩《ぎょうかいがん》をくり抜いて造ったくり抜き式石槨《せっかく》が残存している。石槨の内部は幅約五メートル、高さ約三メートル。天井はドーム型、中央部に間仕切りを造って二つの部屋に分け、それぞ

れの部屋の床面に棺台が設けられている。南
側に開口している。

㊤牽牛子塚古墳の石槨。二つの部屋と棺台がある
㊦墳丘の周囲を八角形に取り巻くことが分かった石敷
き（いずれも明日香村教育委員会提供）

石槨内からは、大正時代と昭和五十二年の調査で、布と漆を何度も塗り重ねて造った最高級の棺とされる夾紵棺《きょうちょかん》の破片、豪華な金銅

製八花形座金具、七宝焼《しっぽうやき》の華麗な亀甲形飾《きっこうがたかざり》金具《かなぐ》、ガラス玉などが出土している。

築造時期は七世紀の後半とされ、立地、石槨の構造、出土品などと併せ、斉明天皇と間人皇女を合葬した小市岡上陵の可能性が早くから指摘されてきた。（宮内庁治定の斉明陵は高市郡高取町車木に所在）

平成二十二年（二〇一〇）九月、同古墳の北側裾部を発掘調査した明日香村教委は、凝灰岩切石を犬走り状に敷きつめた石敷きと、その外側のバラス敷きを検出、犬走り状の石敷きが一角一三五度の角度で墳丘を八角形にとり巻くことを確認、「八角形墳であることがはっきりした」と発表した。牽牛子はアサガオのことであり、牽牛子塚が八角形である可能性は早くから指摘されていたが、考古学的に確認されたのは初めてだった。墳丘の大きさは対辺約二二メートル、高さ四・五メートル以上と発表された。マスコミは一斉に、「斉明天皇陵確定」と報じた。

八角形墳は、桜井市にある舒明天皇陵（段ノ塚古墳）、明日香村の天武・持統天皇陵（大内陵）、文武天皇陵の可能性がいわれる中尾山古墳、京都市の天智天皇山科陵などがよく知られる。（考古学的には必ずしも確認されていない）

七世紀中葉以降の天皇陵に多いことから、「特別な墳形」との考え方が強い。八を優れた数字と考える中国の道教の影響と考える研究者が多い。天皇の枕詞《まくらことば》として用いられる「八隅知《やすみし》し」や即位式に用いられる高御座《たかみくら》が八角形であることとの関連を指摘する見解もある。法隆寺夢殿《ゆめどの》などの八角円堂に通じる仏教の影響説もある。

大田皇女の墓

牽牛子塚古墳の八角形墳判明の発表から三カ月後、同古墳石室の東南一五メートルほどのところから、石英閃緑岩《せきえいせんりょくがん》をくりぬいて造った石室の台石と覆い石（大部分は採石で割り取られたのか、欠損）が発見された。鬼《おに》の俎《まないた》・雪隠《せっちん》古墳（明日香村野口）とよく似た構造の終末期古墳で、越塚御門《こしつかごもん》古墳と名付けられた。

マスコミは、「大田皇女の墓発見、やはり牽牛子塚は斉明陵」と、また大きく報じた。

斉明女帝と合葬された間人皇女は、舒明天皇との間に生まれた娘。孝徳天皇の皇后だったが、六五三年の孝徳難波宮置き去り時には、中大兄皇子とともに飛鳥へ戻った。兄の中大兄と、道ならぬ恋愛関係にあった、との

牽牛子塚古墳（後方）の東南から発見された越塚御門古墳の石室。斉明陵の前に造られたという大田皇女の墓かと推測された

越智丘陵。牽牛子塚古墳の発掘調査現地説明会では多くの人が行列をつくった（2010年12月）

推測もある。天智四年（六六五）に亡くなったが、冥福を祈るため三百三十人をも得度させた、と伝える。

一方、大田皇女は天智天皇の娘。妹の鸕野讃良皇女（後の持統天皇）とともに大海人皇子の妃になった。母の斉明女帝とともに西征に赴き、その途次で大泊皇女と大津皇子を産んだが、若くして亡くなったらしい。

白村江の敗戦から数えて四年、天智天皇はどんな思いで小市岡に母と妹と娘を葬ったのだろうか。未曾有の危機からいかに立ち直るか、煩悶する最中だったに違いない。天智は翌月、飛鳥を捨てて、近江大津宮に遷都する。

ワン・ポイント 百済救援軍

なぜ日本は、百済救援軍を派遣することになったのだろうか。

戦いは、唐・新羅連合軍と倭・百済がまっ向からぶつかり合った古代東アジア世界大戦ともいえる戦争だった。だが、倭国（日本）に侵略の矛先が向けられていたわけでも、唐と直接戦わなければならない事情があったわけでもない。それどころか、斉明が西征に出発する二年前にあたる六五九年、第四次遣唐使を派遣している。

新羅とも戦闘状態にあったわけではない。百済救援軍の派遣はあくまで、唐・新羅の進攻で滅亡した百済の復興を手助けするためだった。

任那の調

鬼頭清明氏は、百済との友好関係もさることながら、「みずからを新羅・百済より上位におこうとする大国主義」が救援軍派遣へ朝廷を動かしたと考えた。

『白村江―東アジアの動乱と日本』（教育社）で、「七世紀中葉以降、血縁および擬制的な血縁的紐帯《おたい》をもとにする古い共同体的秩序が急速に解体に向かい、大和朝廷内部の権力構造に大きな転機をもたらす中で、朝廷は、権威を維持し、権力の集中を維持するために、朝鮮半島における大国主義的な外交方針を変えるわけにはいかなかった」と述べる。

大国主義的外交方針とは、新羅と百済の抗争のバランスの上に「任那《みまな》の調《みつき》」を取りたててきたこと。この「任那の調」

白馬江（錦江）と「落花巌」（韓国・扶余）

を失うことは、大和朝廷の権威を失うことになり、「新しい社会秩序の樹立も権力の集中も不可能となって、朝廷の権力は動揺を深める危険性をはらんでいた」と解釈する。

「任那」は、半島南部を縦断して釜山の西の日本海に注ぐ洛東江《らくとうこう》流域のいわゆる加耶《かや》（加羅《から》）地域のことをいったらしい。いつのころからか、あるいはどのようないきさつがあったのかは定かでないが、日本は加耶諸国に何らかの権益を有していたことは間違いないようだ。神功《じんぐう》皇后の「朝鮮征伐」伝承や倭《わの》五王《ごおう》の「武」の上表文にある「渡りて海北を平ぐること九十五国」などと関係ある軍事行動によって得た権益だったのか、あるいは、加耶地域が倭国の王権なり倭国そのものの故地だったのか。諸説があるが、大和朝廷の屯倉《みやけ》や「任那《みまな》日本府」が設置されていたと伝える。

加耶諸国は一〇近くあったが、六世紀に入り、一部は百済に併合され、金官《きんかん》加羅《から》、大加耶《おおかや》など主要国は新羅に征服、併呑されるなど次々と滅んでいった。『日本書紀』によると、欽明《きんめい》二十三年（五六二）に任那は滅亡してしまう。しかし、「任那滅亡」以後も大和朝廷は「任那の調」を百済、あるいは新羅に要求し続け、実際に何度か朝貢を受けた。人質の派遣も求めた。

百済と新羅の対立抗争に乗じた日本側の外交交渉によるものだった、との解釈が多い。百済・新羅側にどれほどの従属意識があったかは分からないが、少なくとも日本側は、半島諸国から朝貢を受ける立場の〝大国〟を意識していた。石母田正氏は「小中華主義」、遠山美都男氏は「仮想帝国主義」などといった。中国王朝への対抗意識、あるいは模倣による大和朝廷の思いあがりともいえる大国主義が百済救援軍派遣の土台にあったということだろう。

中村修也氏は、「金春秋《きんしゅんじゅう》の遠大な計画によって、日本が対唐戦に巻き込まれたのではないか」と、新羅の金春秋（武烈《ぶれつ》王）の策略説を提起する。高句麗、百済両国との間で対立抗争を繰り返し最も苦しい状況に追い込まれていた新羅が、みずから生き残るために、唐の軍事力を利用して百済を滅亡させる計略を練った。それを計画実行したのが、王位に即《つ》く前に自ら高句麗、日本、唐の三国を訪問、それぞれの国内事情を見極めると同時に外交手腕をいかんなく発揮した金春秋だった、というのだ。

金春秋は、大化三年（六四七）から一年間ほど、人質として日本に来た。『日本書紀』には「姿顔よく、好みて談笑す」とあり、大器の風貌を伝える。新羅は、金春秋が即位して武烈王になってから力を蓄え、半島制覇（統一新羅の成立＝

六六八年）への礎を固めた。

軍事的冒険主義

日本は無謀な古代東アジア大戦に突き進み、勝ちめのない唐の水軍との白村江の決戦に挑んでしまった。鬼頭氏は「軍事的冒険主義の失敗」といっている。明治の開国以来の近代化やアジア諸国への侵攻を経て太平洋戦争へ突き進んだ「昭和」の時代とどこか似ていた。古代国家の体制づくりを急いだ斉明朝は、国際社会ににおいても「狂乱の時代」を演出したということだろうか。

15 漏剋《ろうこく》—白村江の敗戦と天智天皇

斉明《さいめい》天皇の遺骸《いがい》を九州から大和に移送、飛鳥の川原で殯《もがり》の儀式を務めた中大兄《なかのおおえ》皇子は、すぐに九州に引き返し、百済救援の総指揮をとった。中大兄は称制（即位式をあげずに天皇となること）して、天智《てんじ》天皇となっていた。

天智元年（六六二）五月、鬼室福信《きしつふくしん》から要請されていた余豊璋《よほうしょう》の送還を実行、大将軍阿曇比邏夫《あずみのひらぶ》連が軍船一七〇艘を率いて百済に護送、豊璋を王位に即《つ》けた。

天智二年三月、上毛野君稚子《かみつけののきみわかこ》、阿部引《あへのひけ》田臣比邏夫《たのおみひらぶ》ら六人の将軍が率いる前軍・中軍・後軍合わせて二万七〇〇〇人を派遣、新羅攻撃を開始した。

六月、百済王・豊璋は、百済復興の中心的役割を担ってきた重臣の福信に謀反の疑いを抱き、処刑してしまった。首を酢漬けにした。

百済の内紛（福信処刑）を知った唐・新羅連合軍はすかさず軍を出し、州柔《つぬ》城を囲んだ。一方、唐の水軍は、百七十艘の軍船を南下させ、白村江《はくすきのえ》に戦列を構えた。

八月二十七日、州柔城救援のために白村江へ向かった日本の軍船は唐の軍船に遭遇、すぐに会戦となった。日本側は

「攻めかかれば相手はおのずと退却するだろう」

と、戦況の観察もせず、船隊を整えないまま突入。左右からはさみ打ちにあい、みるみるうちに敗れた。船のへさきをめぐらして引き戻すこともできなかった。多くの兵が川に落ちて死んだ。

豊璋王は高麗へ逃げ去った。州柔城は陥落、多くの人々が日本に亡命した。

〈巻第二十七・天智天皇〉

白村江は、韓国の忠清南道と全羅北道の境界を流れる錦江の河口付近。日本軍は惨敗だった。「旧唐書」や『三国史記』も「煙と焔《ほのお》が天を覆い、海水が赤く血に染まった」と伝える。

『三国史記』は「倭船千艘」と書く。天智二年に派遣した救援軍二万七〇〇〇人の一部だったのか別部隊だったのかはっきりしないが、いずれにしても日本の救援軍は未曾有の大軍だった。九州や西国を中心に全国から動員した。国をあげて戦った古代東アジア大戦に日本は敗れた。昭和二十年（一九四五）の敗戦以前にも国際戦争に敗れていたのである。

国土防衛の高安城

白村江の敗戦の翌年（六六四年）、対馬《つしま》、壱岐《いき》、筑紫《つくし》（福岡県）に防人《さきもり》と烽《すすみ》を置いた、と『書紀』は記す。防人《さきもり》は辺境の地に置かれた防衛軍。律令時代を通じて設置され、おもに東国から兵士が差発された。烽《すすみ》は煙で情報を伝達するのろし台。九州から瀬戸内を経て大和まで、点々と設置されたらしい。

太宰府《だざいふ》の北側には、博多湾に向かって流れ

る御笠《みかさ》川をせき止めることができる長大な堤防を築いた。「水城《みずき》」と名付けられた。また、太宰府の北側にある大野山に大野城、南方約一〇キロにある基山《きやま》に椽《き》城（基肄《きい》城）を築いた。必死になって西の都の守りを固めた。

さらに対馬の金田《かなた》城、長門《ながと》国（山口県）の城、讃岐《さぬき》国（香川県）の屋嶋《やしまの》城《き》、倭国の高安城《たかやすのき》などを矢継ぎ早に築いた。

いずれも唐・新羅の〝本土襲撃〟に備えた国防施設だった。すべて山城。断崖や深い谷が守りに役立った。土塁や石垣を築き、平地には多数の倉庫を並べ建て、武具や穀物を蓄えた。水を得る井戸や水門（ダム施設）も設けた。朝鮮半島の古代山城と似通い、朝鮮式山城と呼ばれる。百済から亡命してきたばかりの憶《おく》礼福留《らいふくる》や答㶱春初《とうほんしゅんそ》らが造営を指揮した、と伝える。

最後の砦《とりで》として築かれた高安城は、奈良県と大阪府の境にある高安山（四八八メートル）付近に古くから推定されてきた。昭和五十一年（一九七六）、大阪の八尾市民を中心にした「高安城を探る会」が高安城探しを始めた。長さ約一メートルの鉄の「トレンチ棒」を手に、山へ入り続けた。会誌「夢ふくらむ幻の高安城」を発行し、会のシンボルマークや会歌まで作って探索を続けた。

二年後の五十三年四月、トレンチ棒を突き差した落ち葉の下から「カチン」と金属音。平群町久安寺の字金ヤ塚で総柱建物六棟分の礎石群を発見した。天智九年（六七〇）に米や塩を集積した、と『書紀』が伝える高安城の倉庫群に違いない――。マスコミも一斉に「幻の高安城発見」と報じた。

しかし、橿原考古学研究所が発掘調査の結果、礎石の下から奈良時代前半の土器が出

高安城跡の調査（1978年、橿原考古学研究所提供）

土、奈良時代の高安城と判断された。天智朝の高安城はまだ、「幻」のままになっている。

近江遷都

白村江の敗戦から四年後の天智六年（六六七）十月、都を近江《おうみ》（滋賀県）の大津宮《おおつ》に遷した。翌年の正月、天智は即位式をあげ、正式に皇位についた。

多くの人々は遷都を願わず、連日のように放火による火災が発生した、という。近江行きの途上、額田王《ぬかたのおおきみ》は「三輪山をしかも隠すか雲だにも　情あらなむ隠さふべしや」と詠んだ。雲のかかる三輪山を振り返り振り返り、大和への別れを惜しむ人々の心情を伝える。

天智は、なぜ近江遷都を強行したのだろうか。柿本人麻呂も、わずか五年で廃都となっ

た大津宮の荒廃をいたむ歌で、「いかさまに思ほしめせか」と疑問を投げかけている。

蘇我本宗家の打倒で華々しく政治の表舞台にデビューした中大兄だが、古人大兄皇子の謀反《むほん》、蘇我倉山田石川麻呂事件、有間皇子の誅殺など暗い事件が相次ぎ、果ては白村江の敗戦による〝亡国の危機〟。改新政治に対しても豪族や民衆の不満が強かったといわれる。遷都で人心の一新をはかろうとした、と推測していいだろう。

近江の大津を選んだのは、やはり唐に対する防衛策の一環だった、との見方が支配的。大津宮の調査を続けてきた林博通氏も、「西に急峻な比叡《ひえい》の山並みをひかえて強固な防備とし、東には広大な琵琶湖を擁して天然の要塞となし、湖上を船運によって東国や北陸に容易に抜けられる」と、「防衛遷都」にかなう地政学的要件を強調する。(『日本都城制の源流を探る―中国の都城遺構』同朋舎)。

内憂外患におびえ、逃げ回っていた天智のイメージが浮かぶが、『日本書紀』によると、遷都を前に二十六階の新冠位を制定し、氏上《このかみ》と民部《かきべ》・家部《やかべ》を定めて、豪族を巧みに政府の管理のもとに置く措置を講じた。「甲子《かっし》の改革」と呼ばれる。また、近江の都ではわが国最初の律令法典「近江令《おうみりょう》」を制定(『書紀』には見えない)、最初の全国戸籍「庚午年籍《こうごねんじゃく》」を定めた。

逃げ回るどころか、国土防衛を固めて、天皇中心の古代国家造りに向け強力なリーダーシップを発揮したことになる。人格面も含め、いずれが本当の天智天皇の姿だったのか、さまざまな解釈があり、揺れ動き続ける。

　大津宮跡は、大津市の中心街の北方、錦《にし》織《ごり》地区で確認されている。京阪電車「近江神宮前」駅の西側一帯の住宅地の中から点々と宮跡の遺構が検出されている。林博通氏らは、七間×二間の門をはさんで北側に内裏《だいり》、南側に朝堂院をもつ宮殿が、東西約四〇〇

㊤大津宮跡の碑㊦大津宮跡遺構は住宅地の中にある（いずれも滋賀県大津市錦織）

メートル、南北約七〇〇メートルの範囲に営まれていた、と推定している。

発掘調査が済んだ地点では、案内板が設置され、柱跡の復元展示も行われている。宮の周辺を取り囲むように、崇福寺《すうふくじ》、穴太廃寺《あのう》、南滋賀廃寺、園城寺《おんじょう》（三井寺の前身寺院）の四つの大寺院を配していたらしいことも分かってきている。

橿原考古学研究所の林部均氏は、斉明天皇の後飛鳥岡本宮《のちのあすかのおかもと》跡と推定される飛鳥京Ⅲ期―A遺構とそっくりの構造、とみている。（林部均『飛鳥の宮と藤原京』吉川弘文館）

水時計台の発見

天智天皇は十年（六七一）の夏四月、漏剋《ろうこく》（水時計）を新しい台に置き、鐘《かね》・鼓《つづみ》を打って時刻を知らせた、と『日本書紀』は伝える。この記事をもって、大津宮は古くから時計の発祥地とされてきた。宮跡の北側にあり、天智天皇を祭神とする近江神宮には水時計の模型や時計博物館がつくられ、水時計は大津のシンボル的存在だった。

ところが、昭和五十六年（一九八一）、明日香村飛鳥の水落《みずおち》遺跡から、天智天皇が皇太子時代に造った漏剋の遺構が発見された。

版築工法で堅く固められた一辺約四〇メートルの方形の基壇遺構が残る。基壇周囲には傾斜角一七度で丁寧な張り石、その外側に底幅一・八メートルの石張り溝が巡り、基壇内部の地中には二十四個の礎石を埋め込んでいた。真ん中に彫り込みのある長方形の大石が据えられていた。

㊤中大兄皇子が造った漏剋台跡とされる水落遺跡。説明板には建物や内部の推定図がある㊦耐震構造とみられる礎石の固定石

宮殿跡でも寺院跡でもない、類例のない不思議な遺構。調査した奈良国立文化財研究所は当初、礎石抜き取り穴が並ぶ基壇遺構とみて「楼閣《ろうかく》状建物」と新聞発表、現地説明会も

開いた。

　ところがその後、中央の大石に漆塗りの水槽が据えられていたことが分かり、細長い銅管の埋設が判明した。内部に白い粘土が薄くたまり、水を導いたり、排水するための銅管と分かった。礎石と礎石の間に地中梁《はり》のように大きな石を並べていた。礎石を動かないように固定する堅固な耐震構造と判断された。

　最終的に、書紀の斉明六年（六六〇）五月条に「皇太子（中大兄）、初めて漏剋を造る」と記された水時計台の遺構と判断された。発表のやり直しがあり、各紙とも一面トップ、大騒ぎとなった。

　サイフォンの原理を応用した精密なメカニズムの水時計が一階中央で時を刻み、二階に吊《つ》るした大鐘で飛鳥の都に時を告げた施設、斉明朝に朝廷が「時の管理」「時の支配」まで行うようになっていたことを示す物証の出現とされた。

　以後、須弥山《しゅみせん》石と石人《せきじん》像の発見地である東隣の石神《いしがみ》遺跡への送水施設も確認された。黒崎直氏は、「時を計る機能」と「水を送り出す機能」を併せ持ち、上階に大きな貯水槽があったのではないか、頑丈な礎石はその重力に耐えるための構造ではなかったか、との見解を示している。（『季刊　明日香風』79号）

　なお、律令制下では、夜明け前に漏剋台の太鼓が打ち鳴らされ一斉に宮城門が開門された。役人らは夜明けとともに出勤、正午まで執務にあたったという。

ワン・ポイント　鎌足の多武峯

天智《てんじ》八年（六六九）十月、天智天皇は藤原内大臣《うちつおおおみ》（中臣鎌足《なかとみのかまたり》）の家を訪れ、病気を見舞った。

鎌足はひどく憔悴していた。

天皇は

「もし何かしてほしいことがあれば言うがよい」

と気遣った。鎌足は

「何も申し上げることはございません。ただひとつ、私の葬式は簡素にしていただきたい」

とだけ答えた。ときの賢者たちは、

「往古の哲人の名言に比すべきだ」

と感嘆した。

五日後、天皇は皇太弟、大海人《おおしあま》皇子を遣わし、鎌足に大職冠《たいしきかん》と大臣《おおおみ》の位を授けた。また、藤原の姓を賜与した。

その翌日、鎌足は亡くなった。五十歳とも五十六歳ともいう。

〈巻第二十七・天智天皇〉

大化のクーデターから二十四年、常に〝二人三脚〟で政治にあたってきた鎌足の死。『日本書紀』の大織冠と藤原姓の賜与の記事は、天智天皇の心痛のほどをよく伝える。

多武峯曼荼羅「藤原鎌足像」
（談山神社蔵）

「大織《たいしき》」は、大化の改新で制定されたとされる冠位十九階以来の最高冠位。天智朝の二十六階制でも変わらず、七〇二年に大宝律令《たいほうりつりょう》が施行されるまで続いた。

実際に授与されたのは鎌足と日本から帰国して百済王となった余豊璋《よほうしょう》の二人だけ。鎌足のことを指して「大織冠《たいしきかん》」とも呼ぶ。

阿武山古墳の大織冠

その鎌足の大織冠が、昭和六十二年に〝発見〟された。大阪府高槻市の阿武《あぶ》山《やま》古墳で昭和九年に出土した棺や副葬品を撮影したX線写真の原板がおよそ半世紀ぶりに見つかり、コンピューターによる画像処理で、出土品の往時の姿が浮かび上がったのである。

写真原板によると、棺内にあった金糸は、頭がい骨付近で円すい形に集中していた。下方に幅四センチ、長さ三〇センチの白樺らしい樹皮があり、連続する方形区画の中に四花文などが金糸で刺繍《ししゅう》されていたことが明らかになった。新羅の天馬塚や金鈴塚（いずれも韓国・慶州）から出土している白樺《しらかば》冠の冠帯とそっくり。刺繍冠の一種に間違いなく、金糸をふんだんに使っていることから「大織冠」と判断された。

「大織冠」の実物は伝わらず、どういうものだったのか、実際のところは分かっていない。しかし、X線写真の金糸が間違いなく「大織冠」の残欠ならば、画像解析のハイテク考古学が、阿武山古墳＝鎌足墓を実証したことになる。

同古墳の存在が最初に明らかになったのは昭和九年。京都大学地震観測所建設工事に伴ってだった。目だった墳丘らしいものがない半地下式墓。石室内には麻布を漆で固めて作った最高級の夾紵《きょうちょ》棺を安置し、ほぼ完全な人骨が残っていた。約五百個のガラス玉を複雑に継ぎ合わせた玉枕も出土した。「貴人の墓をあばくべきではない」との議論が起こり詳しい調査は行われなかったが、鎌足墓の可能性は当時からいわれていた。

X線写真の画像解析調査に参加し、鎌足墓と確信を得た猪熊兼勝氏は、鎌足の功績に報いるために内部は王陵級に造り、墳丘を小さくして王陵とのけじめをつけた天智の〝心遣い〟を見る。

鎌足の墓は、飛鳥に近い多武峰《とうのみね》に改葬された。『多武峯縁起』や『多武峯略

阿武山（高槻市教育委員会提供）

記』によれば、鎌足の養子（天智の子ともいう）で多武峯寺を開いた定恵《じょうえ》が、摂津国嶋下郡阿威山《あいやま》から鎌足の遺骸《いがい》を多武峯に改葬、遺骸の上に十三重塔を建立した、と伝える。阿威山＝阿武山とみれば高槻の阿武山古墳を最初の鎌足墓とみていい。

『藤氏家伝《とうしかでん》』は、私邸の「淡海の第《おうみのだい》」で亡くなり、「山階精舎《やましなのしょうじゃ》」に葬られたと伝える。「淡海の第」も「山階精舎」も京都市の山科が推定地。このため、山科から多武峯への改葬説もあって謎は残るが、多武峯は鎌足の墓所として出発した。そして、いまに至るまで、多武峰といえば鎌足、鎌足といえば多武峰なのである。

談山神社

多武峰には、鎌足の遺骸を葬った十三重塔の南に妙楽寺、東に聖霊院が建てられ、総称して多武峯寺と呼ばれるようになった。単に「多武峯」とも。平安時代には談山権現《たんだんごんげん》がつくられ明治維新まで神仏混淆《こんこう》。中・近世は多くの堂塔伽藍《どうとうがらん》と僧兵を擁した。同じ藤原氏ゆかりの興福寺と激しい対立を繰り返し、松永久秀と戦い、郡山城の豊臣秀長にも手を焼かせた。江戸時代は、幕府の保護を得て寺領三千石、山林百石を擁して繁栄した。

多武峯のうしろだてに御破烈山《おはれつやま》の鳴動《めいどう》があった。御破烈山は標高六〇七・七メートル。多武峯の最高峰で、頂上が鎌足の本来の改葬地とも言い伝える。鳴動すると鎌足の木造が破烈、国家や藤原氏に異変を生じさせるとの信仰があった。

記録される鳴動は九世紀末から十七世紀初頭までの間に三十五回。ヒビの入った（入れた）木造を持って京に繰り込めば、朝廷や幕府は驚き、慌てて占いをし、多武峯に参拝した。ゴリ押しの要求も通った。

和田萃氏は「一種の強訴だが、鎌足の墓所のある寺だったからこそ通じたのだろう。特に藤原政権下では効果てきめんだった。多武峯の力の背景は何といっても鎌足の威光」と解説する。

鎌足から出発した藤原氏は、飛鳥、奈良、平安時代を通じて政治の中枢に君臨し続けた。不比等《ふひと》、光明子《こうみょうし》（光明皇后）、武智麻呂《むちまろ》、房前《ふささき》、仲麻呂、種継《たねつぐ》、薬子《くすこ》、冬嗣《ふゆつぐ》、良房《よしふさ》、道長《みちなが》、頼道《よりみち》……。歴史を彩り、動かした一族出身者はまさに綺羅《きら》星のごとしだ。

談山神社十三重塔

明治二年（一八六九）、廃仏毀釈《はいぶつきしゃく》で多武峯寺は談山《たんざん》神社になった。藤原鎌足を祭神とし、大織冠社とも呼ばれる。旧多武峯寺の聖霊院を本殿（重文）、護国院を拝殿（同）とする。木造の十三重塔（同）は全国唯一、神廟と呼び、旧講堂を神廟拝所（同）といっている。ほかに、権殿、摂社東殿、閼伽井屋《あかいや》などの重文建造物が建ち並ぶ。周辺には、豪壮な石垣を築いた子院・塔頭《たっちゅう》の敷地が多数残存する。紅葉の名所として知られ、鎌足と中大兄皇子の親交開始の故事にちなむけまり祭りが毎年十一月の第二日曜日に催される。

16　飛鳥浄御原宮《あすかのきよみはらのみや》（上）―壬申の乱

天智《てんじ》十年（六七一）九月、天智天皇は病に倒れた。病状は悪化するばかりだった。

十月十七日、皇太弟の大海人《おおしあま》皇子を寝室に呼び入れた。

先導した蘇我臣安摩侶《そがのおみやすまろ》は大海人を振り返り、

「お言葉に用心なさいませ」

と忠告した。

天皇は、

「私の病は重い。後事を頼みたい」

と、次の皇位をほのめかした。しかし、大海人皇子は固辞。

「私は病気がちで国家を保っていけそうにありません。天下のことは大后《おおきさき》におまかせになり、大友《おおとも》皇子に政務全般をとり行わせなさいませ。私は出家して、仏道を修めたいと思います」

大海人はすぐ、内裏の仏殿の南に出、ひげと髪をそり落とした。翌々日、大津宮を退出、途中、嶋宮《しまのみや》（明日香村）で一泊、二十日、吉野へ入った。

人々は

「虎《とら》に翼《つばさ》をつけて放つようなものだ」

と言い合った。

〈巻第二十七・天智天皇〉
〈巻第二十八・天武天皇〉

兄弟の不和

少しでも皇位への野心を示せば殺される――。兄・天智のことばが本心でないことを見抜いた上での行動だった。有間皇子など皇位継承のライバルを次々と殺してきた兄への警戒心は強かった。

天智の子、大友皇子《おおともおうじ》が太政大臣に任命されたのは同じ年の正月のことだった。近江朝廷の太政大臣は「百揆《ひゃっき》を総《す》べ、万機《ばんき》をしらしめす」職制。つまり天皇に代わって政治のすべての権限を掌握する立場にあった、といわれる。皇太弟の大海人を権力の外に追いやり、皇位継承のチャンスを奪い取る人事――。兄弟の不和は決定的になっていた。

もう一つの不和の要因として、額田王《ぬかたのおおきみ》の存在をみる見解がある。

額田王は大海人との間に十市皇女《とおちのひめみこ》をもうけながら、天智に召された。にもかかわらず、有名な次の万葉歌は、天智七年（六六八）五月五日の「蒲生野《がもうの》の遊猟（薬猟）」の際、額田王と大海人が交わした相聞歌《そうもんか》と伝える。

あかねさす紫野《むらさきの》行き標野《しめの》行き
野守《のもり》は見ずや君が袖振る（額田王）

紫のにほへる妹《いも》を憎くあらば
人妻ゆゑに我恋ひめやも（大海人皇子）

「あなたは私に向かってそんなに袖を振って、野守に見つかるのではありませんか」。「紫のように美しい。人妻ゆえに恋しいのか」。宴席での戯《ざ》れ歌という現実的な解釈もあるが、『万葉集』は、飛鳥時代随一の才女と二人の不世出の英雄をめぐる恋情のもつれ、平たくいえば三角関係をいまに伝える。

同じころ、琵琶湖畔であった宴席でのこと。大海人が突然、長槍で床を刺しつらぬき、天智が激怒して殺そうとした、というようなエピソードも伝える。

大友皇子は、唐から来日した劉徳高《りゅうとくこう》が「風骨世間の人に似ず、実に此の国の分に非ず」（『懐風藻』）と評したというほどの器の持ち主だったといわれる。天智は、大友が成長するにつれ、素質豊かなわが子への皇位継承を願うことになったのだろう。

吉野で決起

天智天皇は十二月三日、大津宮で四十六歳の波乱の生涯を閉じた。

五月、吉野の大海人皇子のもとに朴井《えのいの》連雄君《むらじおきみ》が、

「朝廷は美濃《みの》（岐阜県）と尾張《おわり》（愛知県）の国司に命じて山陵を造る名目で徴収した人夫らに武器を持たせています。何か事変がありそうです。御身に危難が及ぶ恐れがあります」

と報告した。また、大津京と飛鳥京を結ぶ道の各所に兵を配し、大海人らの食料を断つ動きがある、との報告も。

大海人は、

「私が皇位を辞して身を引いたのは、一人で天命をまっとうしようとしたから。それなのに禍をこうむろうとしている。

わが身が滅ぼされるのを、どうして黙っておられよう」

と挙兵を決意、ただちに、村国連男依《むらくにのむらじおより》らに美濃国へ急行して不破《ふわ》の道（不破関＝岐阜県の関ケ原付近）を押さえるよう命じた。

六月二十四日、妃の鸕野讃良皇女《うののさらら》（のちの持統天皇）や皇子らを引き連れて吉野を出発、美濃へ向かった。


〈巻第二十八・天武天皇〉


壬申《じんしん》の乱である。戦乱は一カ月に及ぶ。

吉野（宮）を出発した大海人皇子一行はわずか三十人ばかりだった。津振《つぶり》川（吉野郡吉野町の津風呂川）沿いに菟田《うだ》の吾城《あき》（宇陀市大宇陀町の阿騎《あき》神社付近）へ出た。途中で馬と鸕野皇女の輿《こし》が調達できた。

甘羅《かんら》村（宇陀市の大宇陀町か榛原町）、菟田《うだの》郡家《こおりのみやけ》（宇陀市榛原町）を経て大野（室生村）に着くと日が暮れた。途中、猟師二十人が味方し、馬五十頭を得た。

真夜中に隠郡《なばりのこおり》（三重県名張市）に着き、横河《よこかわ》（名張川）に差しかかると黒雲が天にかかっていた。大海人が占うと、

「天下が二つに分かれようとするしるし。最後に勝利する」

と出た。

伊賀の中山《なかやま》（三重県伊賀市）で郡司らが数百の兵を率いて帰順。二十五日夜明けに莿萩野《たらの》（同）を過ぎ、積殖《つむえ》（同）に着くと、大津宮を脱出した高市《たけち》皇子（大海人の子）が鹿深《かふか》（滋賀県甲賀市）越えで到着、合

流した。

　加太《かぶと》越えで鈴鹿《すずか》山地を越えると、大勢の伊勢《いせ》の国司らが一行を出迎えた。五百人の兵で鈴鹿の関を固め、夜の道を三重《みえ》郡家（三重県四日市市）へ向かった。二十六日、朝明郡《あさけのこおり》の迹大川《とおがわ》（朝明川）のほとりに達したとき夜が明けた。大海人ははるか南方の伊勢神宮を遥拝、勝利を祈った。

　まもなく、これも大津宮を脱出した大《おお》津《つ》皇子（大海人の子）が駆けつけた。先発させていた村国男依から、不破の道の押さえに成功したことを報告してきた。大海人は喜び、さっそく高市皇子を不破に派遣、自らは桑名《くわな》郡家（三重県桑名市）に入った。

〈巻第二十八・天武天皇〉


　挙兵後の大海人の行動はすばやかった。宮《みや》滝《たき》から桑名《くわな》までは直線距離で約一〇〇キロ。実際の道のりは二倍以上だっただろう。それを三日で走破し、次々と協力者を増やした。津振《つぶり》川（津風呂川）はいま、人造の津風呂《つぶろ》湖となっているが、宮滝からは一つ山を越えればすぐ。大海人らは、この川をさかのぼって「かぎろひ」で名高い阿騎野《あきの》を経、榛原《はいばら》から近鉄大阪線に沿う道を名張《なばり》へ出た。伊賀上野からはいまの名阪国道沿いに東に向かったらしい。

　ほとんど連日、徹夜に近い行軍。朝廷に対する反乱軍だから、一時も気の許せなかった。特に伊賀は大友皇子の生母の采女の出身地でもあった。しかし、桑名に着くころには危機を脱し、戦の態勢をほぼ整えたらしい。

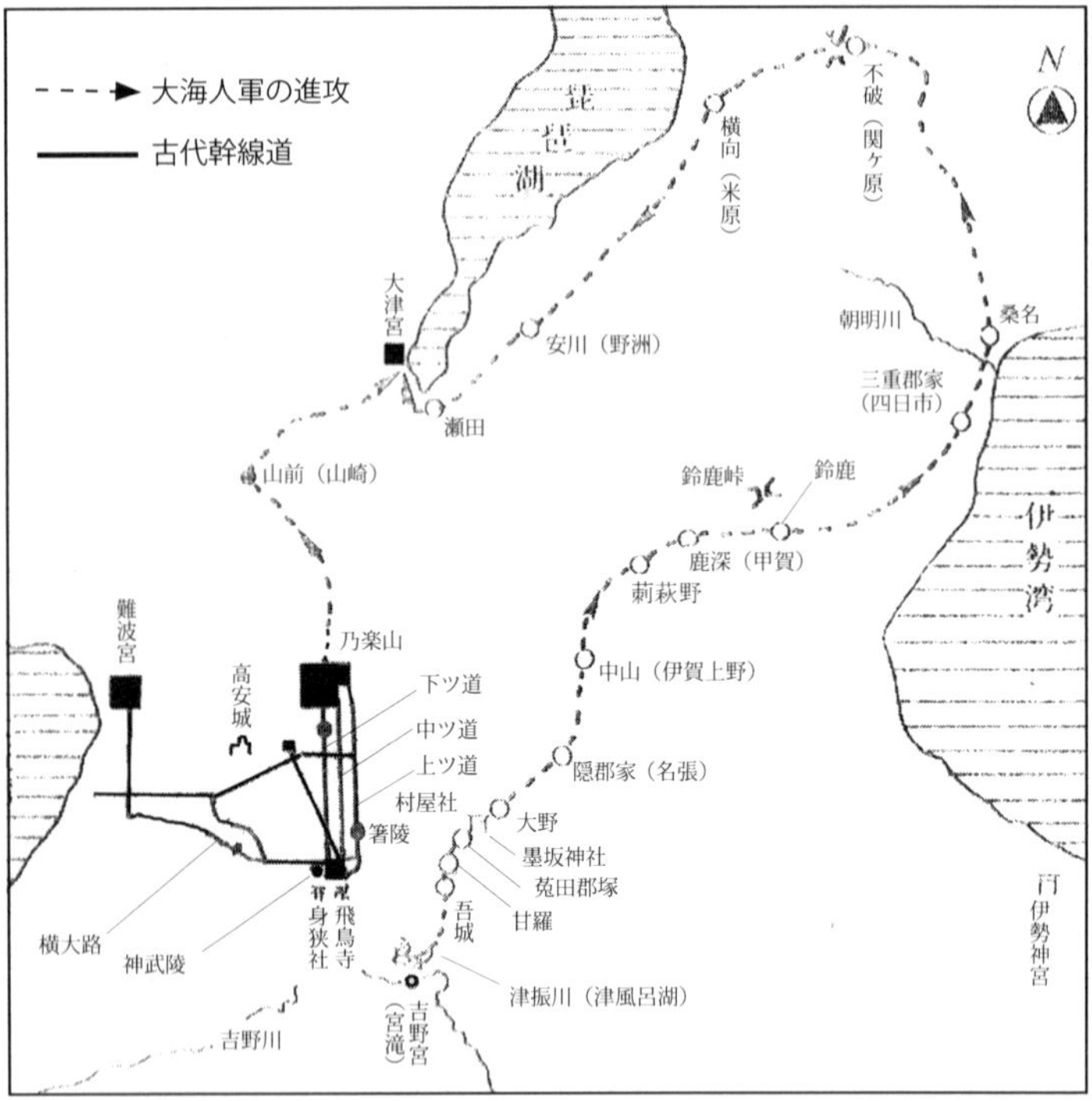

不破の固めに成功したことは、近江朝廷と東国との連絡を遮断することになり、大きな意味を持っていた。

二十七日には、大海人は不破に陣取った。尾張（愛知県）の兵二万余も帰順、さらに勢いづいた。

近江朝滅亡

二十九日、大津京から退出して大和の百済の家にいた大伴連《おおとものむらじ》吹負《ふけい》が、大海人に味方して大和で決起した。飛鳥寺の西に陣取って飛鳥古京の守りにあたっていた高坂王の近江軍を襲って勝利した。これを機に、三輪《みわの》君《きみ》高市麻呂《たけちまろ》ら大和の諸豪族も決起して吹負のもとに集まった。

吹負らは、竜田（生駒郡）、大坂（香芝市）など大和への入り口の守りを固めた。近江軍が陣取っていた高安城《たかやすのき》も抜いた。しかし、ついに大和へ総攻撃をかける近江軍を防ぎ切れず、七月四日、大野君果安《おおののきみはたやす》らが率いる大軍がどっと押し寄せた。乃楽山《ならやま》（奈良市北方の丘陵地）に駐屯していた吹負軍は壊滅。吹負はかろうじて菟田《うだ》方面へ逃げた。

大和での戦いは、どちらかといえば近江側の方が優勢だった。しかし、吹負が大敗を喫した日の前々日、不破の大海人は、大和救援軍と近江襲撃軍の二つに大軍を編成し終えていた。どちらも「数万の兵」。吉野を出発してわずか一週間ほどでこれほどの兵力を得たのは、不破を押さえ、東国軍の募兵《ぼへい》に成功したためだった。信濃《しなの》（長野県）や甲斐《かい》（山梨県）の諸豪族らも馳せ参じていた。

井上光貞氏は、この東国軍の編成を大海人の勝利の第一要因に挙げる。それを可能にしたのは、大海人の軍事手腕もさることながら、近江朝廷の地方把握の不十分さとラディカルな中央集権政策に対する地方豪族層の不満にあった、とみる（『日本の歴史―飛鳥の朝廷』）。

七月四日、乃楽山《ならやま》から敗走した吹負《ふけい》と不破《ふわ》からの救援軍が墨坂《すみさか》（宇陀市榛原町）で落ち合った。息を吹き返した吹負は、散りぢりになっていた兵を呼び集め、金綱井《かなづなのい》（橿原市小綱町付近か）に集結した。

このとき、急に神がかりした高市県《たけちのあがた》主許梅《ぬしこめ》を通じて高市社《たけちのやしろ》（不詳）の事代主《ことしろぬし》神《のかみ》と身狭社《むさのやしろ》（橿原市見瀬町）の生霊神《いくたまのかみ》のお告げがあった。お告げに従い、神武《じんむ》天皇陵に馬と武器を奉納した。

村屋社（村屋座《むらやにいます》弥富都比売《みふつひめ》神社）。中ツ道が通じ、壬申の乱の古戦場と伝える（田原本町蔵堂）

軍を三つに分け、上道《かみつみち》、中道《なかつみち》、下道《しもつみち》に配した。中道を引き受けた吹負は、村屋《むらや》（田原本町の村屋神社付近）で廬井造鯨《いおいのみやつこくじら》の近江軍と激しく戦った。上道の守りにあたった三輪君高市麻呂は箸陵《はしのはか》（桜井市の箸《はし》墓《はか》）付近で近江軍を大破、勢いに乗じて村屋の吹負軍に加勢、七月二十二日、大和からすべての近江軍を撃退した。

　一方、不破を出発した男依《おより》らの近江襲撃軍は、七日に息長《おきなが》の横河《よこかわ》（滋賀県米原町付近）を突破、琵琶湖東岸を南下し、二十二日、瀬田《せた》（大津市）に達した。近江朝廷側は後方が見えないほどの大軍でこれを迎え、瀬田川をはさんで対峙《たいじ》したが、やがて大海人軍が総攻撃をかけ、大勝。大友皇子はかろうじて逃走、翌二十三日、山前《やまさき》（京都府・大阪府境付近）で自害して果てた。

瀬田の唐橋。瀬田川は最後の決戦場となった（大津市）

大和と瀬田川の決戦で勝利した大海人軍の将軍たちは、二十四日、大津京に集結。二十六日、不破に向かい、大海人皇子に大友皇子の首をたてまつった。

〈巻二十八・天武天皇〉

湖国の都は露と消えた。しばらくすると、柿本人麻呂が「大宮はここと聞けども　大《おお》殿《との》はここと言えども　春草のしげく生ひたる……」と無常感を歌い上げるような状態に荒れ果てる。

古代史上最大の内乱に勝利して天下を奪取した大海人皇子は飛鳥に凱旋《がいせん》、六七三年二月、飛鳥浄御原宮で即位、天武天皇となった。「神にしませば」と歌われ、天皇中心の中央集権古代律令国家体制を確立した。

ワン・ポイント　吉野宮

古代史上最大の内乱とされる壬申《じんしん》の乱の出発点となったのは吉野だった。『日本書紀』は、大海人《おおしあま》皇子が退去し、滞在したところを「吉野」としか書かないが、吉野宮（吉野離宮）だっただろうとされている。

吉野宮のことは応神《おうじん》紀から登場する。応神天皇がその十九年十月、吉野宮に行幸すると、国樔人《くすびと》らがやってきて醴酒《こざけ》を献上したという。国樔人の風俗について、「その人となり実に純朴。山の果を取って食べる。また、カエルを煮てよき味とする。名付けて毛瀰《もみ》という…」などと書く。

神武《じんむ》東征説話の中にも「尻尾《しっぽ》のはえた人が磐石《いわ》を押し分けて現れた。これが国樔部の始祖」とある。国樔人とは吉野地方に早くから住んだ人々のことを言ったのだろうが、王権にとっては異民族のように見えたのだろうか。

吉野宮には雄略《ゆうりゃく》天皇も訪れ、歌を詠んでいる。斉明《さいめい》女帝も行った。艱難辛苦を、夫・大海人皇子とともに乗り越える出発点となった思い出の地だった持統《じとう》

ワン・ポイント　吉野宮

女帝は、在位期間中だけでも実に三十一回通った。奈良時代の元正《げんしょう》女帝は一回、聖武《しょうむ》天皇は三回訪れている。山紫水明の景勝が都の人々を引き寄せたのだろうか。水神信仰や神仙思想との関係を説く考え方もある。

宮滝遺跡

吉野宮の所在地については古くから多くの説があり、明治以来、所在地論争が繰り広げられてきた。丹生《にゅう》川上神社中社の宮司を務めた森口奈良吉氏は東吉野村の同社付近を強く主張し、土屋文明氏（郷土史家）の下市大淀説、中岡清一氏（郷土史家）の宮滝説、さらに上市説や川上村大滝説などが提唱され、論争されてきた。

国樔人ゆかりの地、吉野町南国栖の吉野川には天皇淵と呼ばれるところがあって、岸壁に天武天皇を祭神とする浄御原《きよみはら》神社がある。

いまでは飛鳥―奈良時代の離宮跡らしい遺構が検出されている吉野町宮滝の宮滝遺跡付近が、吉野宮の最有力候補地とされている。

吉野川は、宮滝付近で大きくわん曲、切り立った岩壁の間を行く清流は、滝のようにしぶきを上げ、あるいは青く淀む。かなりの広がりを持つ河岸段丘があり、宮滝の集落はその上に乗る。昭和五年（一九三〇）、まだ橿原考古学研究所を創設する前の末永雅雄氏により発掘調査が開始され、縄文、弥生時代遺構、遺物とともに石敷き遺構などが掘り出された。宮滝遺跡と呼ばれ、史跡に指定されている。

宮滝の吉野川

縄文土器は「宮滝式」と呼ばれ、いまでも縄文時代後期の指標土器となっている。橿原考古学研究所による調査が継続され、方形周溝墓、掘立柱建物跡、柵列、苑池遺構などが次々と発見された。飛鳥―奈良時代の遺構の全容解明にはまだ至っていないが、苑池を中心とする離宮施設か芳野監《よしのげん》と呼ばれた役所の中心部らしいことが明らかになっている。

やすみしし　吾大君《わがおおきみ》の　聞しめす　天の下に　国はしも　多《さわ》にあれど
も　山川の　清き河内《こうち》と　御心を　吉野の国の　花散らふ　秋津の野辺に
宮柱《みやばしら》　太敷きませば　ももしきの　大宮人《おおみやびと》は　船並《な》めて　朝川渡り　舟
競ひ　夕河渡る　この川の　絶ゆることなく　この山の　いや高知《たかし》らす
水激《なぎ》つ　滝の都は　見れど飽かぬかも

見れど飽かぬ吉野の河の常滑《とこなめ》の
絶ゆることなくまた還りみむ

歌聖、柿本人麻呂の代表作。持統女帝に随行したときの作品らしい。吉野川のほとりにあった吉野宮の情景を一三〇〇年の歳月を超えてまざまざと伝える。

み吉野の象山《きさやま》の際《ま》の木末《こぬれ》には
　ここだもさわく鳥の声かも

これまた名高い山部赤人《やまべのあかひと》の万葉歌。「象山《きさやま》」は宮滝の対岸、吉野町喜佐谷《きさだに》に現存する。象川《きさがわ》と呼ばれる吉野川支流のせせらぎもある。大伴旅人《おおとものたびと》が「昔見し象の小川を今見れば　いよよ清《さや》けくなりにけるかも」と詠んだ「象の小川」だ。流れをさかのぼれば吉野山の奥千本、「子守《こもり》さん」として信仰を集める吉野水分《みくまり》神社から青根ケ峰をへて大峰《おおみね》山（山上ケ岳《さんじょうがたけ》）へと通じる。

吉野よく見よ

大海人皇子は壬申の乱に勝利して天武《てんむ》天皇

象の小川。後方は吉野山の青根ケ峰（吉野町喜佐谷）

となり古代律令国家体制を確立、「現人神《あらひとがみ》」とまでいわれた。その挙兵の舞台となった吉野は、なぜか、日本の歴史の節目ごとに脚光を浴び、大きな役割を果たしてきた。神武東征伝承もさることながら、応神も雄略も古代史に画期をなした特別な大王だった。

古代ばかりでない。源平合戦で常盤御前《ときわごぜん》が幼い牛若（源 義経《みなもとのよしつね》）らを連れて身を隠したのも、兄に追われた義経が逃れたのも吉野。「建武《けんむ》の中興」では、京都を脱出した後醍醐《ごだいご》天皇の南朝が置かれた。天下統一を果たした豊臣秀吉は吉野で「太閤花見《たいこうはなみ》」。明治維新の魁《さきがけ》となった天誅組《てんちゅうぐみ》も吉野に興った。

吉野の歴史を研究し続けた宮坂敏和氏はその理由を、「守るに易く攻めるに難い要害の地」だったからとみた。都での挫折者が追われて身を隠し、再起を期す「隠れ家《かくれが》」となった。吉野はあくまで、花書《かしょ》よりも軍書《ぐんしょ》に悲しい。

よき人のよしとよく見てよしと言ひし
　吉野よく見よよき人よく見つ

吉野を〝政権のふるさと〟とする天武天皇の「吉野讃歌」だ。

17　飛鳥浄御原宮《あすかのきよみはらのみや》（下）——天武政治

　壬申《じんしん》の乱で、伝統的な畿内の大豪族は近江側にあった。このため、天武の勝利は、大豪族の中央政治からの排除を意味した。ここに、従来の大豪族連合政権的体制から脱け出し、天皇中心の中央集権国家体制への道が本格的に開かれることになった。

　天武は大臣《おおおみ》を置かなかった。もっぱら、皇后鸕野讃良皇女《うののさららのひめみこ》（のちの持統《じとう》天皇）と草壁《くさかべ》皇子、大津皇子ら諸皇子が国政を補佐した。

　豪族たちの官僚化に意を尽くした。受け皿として大弁官、六官（法官、理官、大蔵、兵政官、刑官、民官）などの官庁組織を整えた。

　また、各豪族の土地、人民の私的支配の制限に努めた。天智《てんじ》朝の民部《かきべ》を廃し、見返りに国家が支給する食封《じきふ》を定めたのもその一つ。狙いは、天皇の下で政治にたずさわる人たちから経済的支えを奪い去り、給与生活者にすることだった。

　給料の多寡は、個人の働きや才能によることを原則とした。とはいっても、歴史を積み重ねてきた「氏姓」を完全に無視することはできない。そこで、「八色《やくさ》の姓《かばね》」を制定するなど、各氏族の再編成に取り組んだ。各氏族に、真人《まひと》、朝臣《あそん》、宿祢《すくね》、忌寸《いみき》、道師《みちのし》、臣《おみ》、連《むらじ》、稲置《いなき》の姓《かばね》を与え、序列化すると同時に上級官人を出せる氏《うじ》を制限した。

　さらに、四十八階の位階制で官人らを序列化した。皇族らも初めて序列に組み入れた。

しかし、天皇と皇后は官位を超越する存在とした。それは、「現人神《あらひとがみ》」の法制化を意味した。天皇号自体も天武朝に確立した、といわれる。

「凡そ政の要は軍の事なり」（天武十三年の詔）として、軍事力の強化、統制にも力を注いだ。諸王や官人らに武器の備えと馬に乗る訓練を命じる一方、地方豪族から兵器を没収した。武力で政権を奪取した天武は、政治のバックボーンとしての軍事力の重要性を知り尽くしていたのである。

「畿内・七道の制」を定めるなど、地方行政組織の整備にも力を入れた。評《こおり》という行政区画を設け、地方官組織を整えた。近江朝滅亡の要因の一つに地方把握の不十分さがあった。それだけに天武は、「地方のこわさ」をよく知っていたのだろう。

天武政治は、持統三年（六八九）完成の飛鳥浄御原令《あすかきよみはらりょう》に結実。さらに、七〇一年の大宝令《たいほうりょう》施行につながり、律令国家体制の礎となる。独裁権力は個人と運命をともにするが、制度や法律に基づく権力は個人を超越して存続する。緊迫した国際情勢下、天武政治はあくまで〝強い国家〟をめざした。

天武は、まさに神わざともいうべき政治手腕の持ち主だった。

飛鳥京の発掘

天武政治の舞台となった飛鳥浄御原宮《あすかのきよみはら》は、明日香村内に幾つかの候補地があったが、戦後の発掘調査の積み重ねで、岡の伝承・飛鳥《あすかの》板蓋宮跡《いたぶきのみや》上層遺構にほぼ間違いないとされるようになった。重層する宮殿遺構を指す「飛鳥京」という遺跡名もすっかり定着した。

昭和三十四年（一九五九）の農林省の吉野川分水路建設が発掘調査の契機となった。以後およそ半世紀、一七〇次を超える調査で、四つの時期の宮殿遺構が重複して存在することが判明。最下層のⅠ期遺構は舒明《じょめい》天皇の飛鳥岡本《あすかのおかもと》宮、中層のⅡ期遺構は皇極《こうぎょく》天皇の飛鳥板蓋《あすかのいたぶき》宮、上層のⅢ期遺構はA期とB期があり、A期は斉明《さいめい》天皇の後飛鳥《のちのあすかの》岡本《おかもと》宮、B期は拡張して飛鳥浄御原《あすかのきよみはら》宮としても用いられたと考えられるようになった。

Ⅲ期の遺構は、屋根付きの掘立柱塀で囲まれた東西一五二～一五八メートル、南北一九七メートルの南北が長い区画が内郭《ないかく》と呼ばれる。主軸が正しく南北に通じる正方位だがわずかにゆがみがあり、北側がやや広まっている。南に門が取り付く。北側ほぼ三分の

内槨東辺掘立柱塀（一本柱列）。飛鳥浄御原宮内槨の囲い施設とみられる（橿原考古学研究所提供）

飛鳥京跡

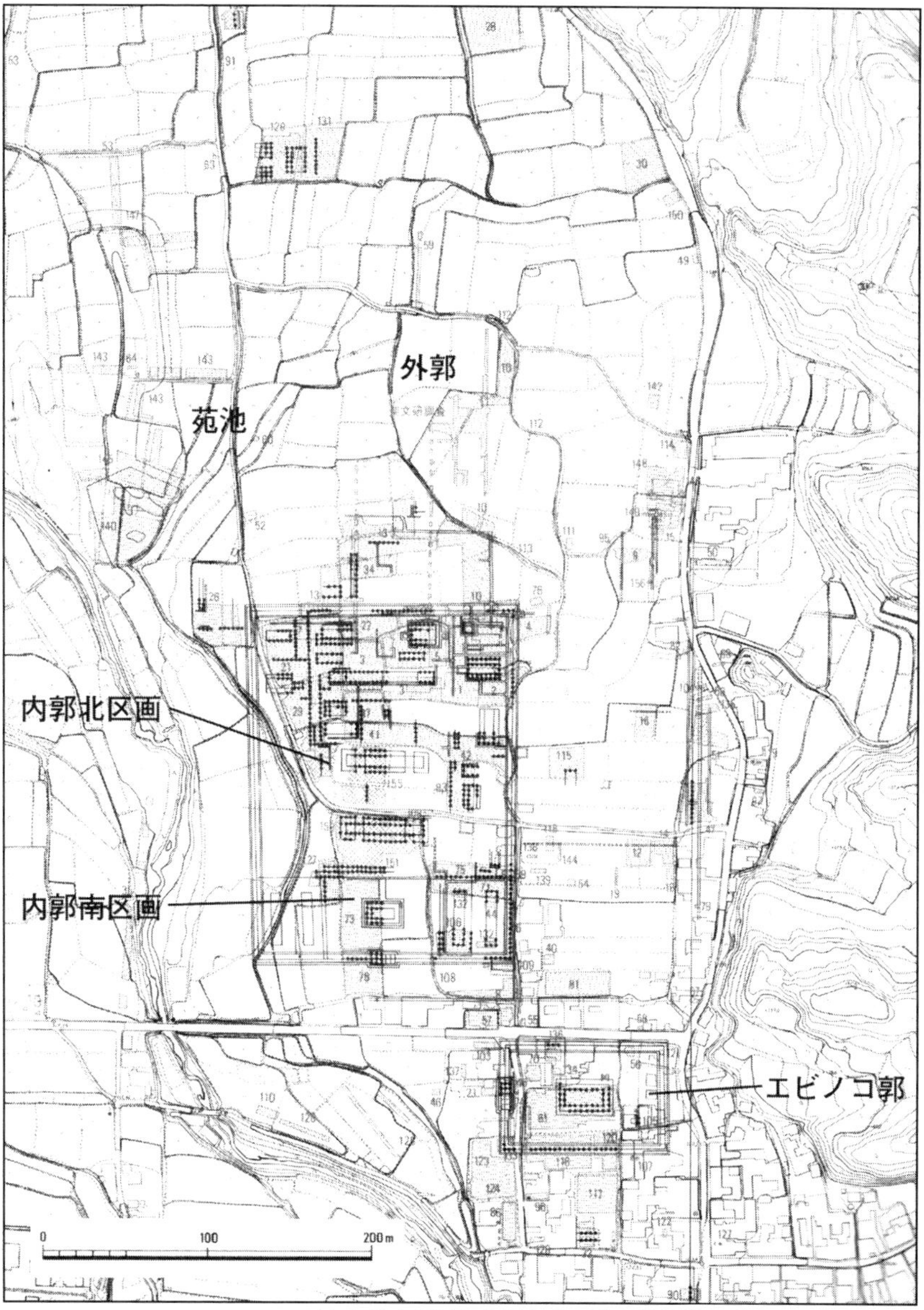

（奈良県立橿原考古学研究所付属博物館編『宮都飛鳥』より）

二の北側区画と残り三分の一の南側区画に分かれ、掘立柱塀で区切る。

　北側区画の北寄りには東西に細長い長廊状建物、大井戸、川原石の舗装広場などがあり、南寄りには東西八間《けん》、南北四間《けん》の大型建物二棟（いずれも東西棟）が並び建っていた。大井戸は調査の初期段階に発見されたもので、周辺の一〇メートル四方の範囲にある石敷きと石組み溝が現場に復元展示され、なじみ深い。

　南区画からは東西七間（約二〇メートル）、南北四間（約一二メートル）、四面に廂《ひさし》が付く大型建物遺構が見つかっている。建物の北側には人頭大の玉石を敷き詰め、南側は砂利（バラス）敷きだった。

　内郭の東側約一〇六メートルで南北に延びる一本柱列がある。外郭の囲い施設とされる。

　Ⅲ期のある時期に、内郭の東南、いま明日香村役場の駐車場になっている場所に長方形の別区画が新たに増設されていた。東西約九四メートル、南北約五五メートル、屋根付きの掘立柱塀で囲い、西側に門が取り付いていた。区画の中央に東西九間、南北五間、四面に廂《ひさし》が付く大型建物が建っていた。小字名から「エビノコ郭」と名付けられた。

　内郭の北区画は天皇の私的生活空間である内裏的性格を見ることができるのに対して、南区画とエビノコ郭は大極殿《だいごくでん》や朝堂《ちょうどう》に相当する公的空間としての性格を備える、とされる。

　造営年代は七世紀の後半。二万平方メート

ルを超える規模を持ち、正殿級の大型建物がエビノコ郭を加えると四棟も建ち並ぶ。五〇年にわたり発掘調査を続けてきた橿原考古学研究所は、内郭は斉明天皇の後飛鳥岡本宮として造られ、飛鳥浄御原宮としても継続使用された宮殿遺構、エビノコ郭は天武天皇の即位にあたって新たに付け加えられた宮殿の遺構との解釈を固めている。

上層遺構を飛鳥浄御原宮跡とすることについては、「前期難波宮と比べて公的空間が貧弱で、天武政治の舞台にそぐわない」との意見や「泥田や水沼を都としたと詠む万葉歌に合わない」（20新益京」編参照）との見解も根強くあった。最初の頃の調査を指揮した末永雅雄・初代橿原考古学研究所長は、浄御原宮跡と確信しながらも公には最後まで断定を避けた。しかし、今日では、ほぼ学界全体が認める見解となっている。

天武十年の木簡

昭和六十年（一九八五）三月、外郭の東一本柱列のすぐ東（外）側にあったただ円形の小さな穴（直径一・四メートル）から大量の木簡が掘り出された。一〇〇〇点ほどに字があり、岸俊男、和田萃氏らによる七カ月がかりの解読作業で、「大津皇子」「大友皇子」「大来皇女」らの名が浮かび上がった。

飛鳥時代の著名人を記した文字史料の出現は大きなニュースとなり、人々を驚かせた。それ以上に木簡の「価値」を高めたのは、制作と廃棄の年代をはっきり特定できたことだった。

「辛巳年」の木簡が五点あった。遺構の時期と合う七世紀後半の辛巳年といえば天武《てんむ》十年（六八一）。「閏」「閏月閏」の木簡もあり、

天武１０年の木簡。左から「大友」「辛巳年」「伊勢国」が読める（橿原考古学研究所提供）

天武十年の閏月《うるう》といえば閏七月しかなく、この月の制作と断定された。制作年ばかりでなく、制作月まで明らかになる木簡はめったにない。

出土の様子などから、木簡は「一本柱列の内側」に居た人が穴を掘って一括投棄したゴミとみるのが最も自然だった。その「一本柱列の内側」は、考古学的には間違いなく宮殿の一部。天武十年に機能していた宮殿といえば浄御原宮。〝三段論法〟で、飛鳥京上層遺構が浄御原宮であった可能性をほぼ確実なものにした。

木簡には、「急召」、「召舎人」など、動詞入りのものがあり、文章の作成作業をにおわせた。しかも、「明評」「伊勢国」「近淡」「尾張」など、壬申の乱に関係深い地名が多く見

出せた。

「明評」は、大海人が伊勢神宮に戦勝を祈った「伊勢国」の朝明《あさけ》郡のこととみるのが自然。大海人は、この後、「大津皇子」らの合流と「尾張」の豪族らの加勢で戦闘体制を整え、「近淡」の「大友」を討つのである。

あるいは、木簡は壬申の乱のことを書き記す作業中に出た削りカスではないか。近くに国史編さん所、つまり、書紀の編さん事務所があったのではないか――。こうした推理も浮上した。

『日本書紀』によると、天武天皇はその十年三月十七日、大極殿に川嶋皇子、忍壁《おさかべ》皇子、広瀬王、竹田王、桑田王、三野《みの》王らを集め、帝記および上古の諸事を記録・検定させた。これが、天武在世中には実現しなかったものの『古事記』と『日本書紀』の編さん開始になったといわれる。

『古事記』は稗田阿礼《ひえだのあれ》が誦習、太安万侶《おおのやすまろ》が撰録し、和銅五年（七一二）に完成した。いまは伝わらない『帝紀《ていき》』と『旧辞《くじ》』をもとに、神代から推古《すいこ》天皇までを叙述している。全三巻。『日本書紀』は、舎人《とねり》親王によって養老四年（七二〇）に完成。神代から持統朝までを編年体で叙述する最古の勅撰歴史書。全三十巻。

向小殿・内安殿・外安殿

木簡の文字が書かれたのは、天武天皇が『古事記』と『日本書紀』の編さんを命じてから五カ月後のことだった。天武十年は、浄御原宮での天武政治の絶頂期だった。

天武十年春正月の七日、天皇は向小殿《むかいのこあんどの》におでましになり、酒宴を催した。親王や諸王は内安殿《うちのあんどの》に招き、諸臣らは外安殿《とのあんどの》に侍らせた。酒席を設け、舞楽《ぶがく》を見せた。

二月二十五日、天皇と皇后はともに大極殿におでましになり、親王、諸王、諸臣を召し、「いまここに律令を定め、制度を改めたいと思う、手分けして取り掛かれ」と命じた。

〈巻第二十九・天武天皇〉

橿原考古学研究所の林部均氏は、エビノコ郭正殿の大型建物こそ『日本書紀』天武紀にみえる「大極殿《だいごくでん》」にあたると推定する。天武即位にあたり増設された区画の中心建物であり、飛鳥京内で確認されている数多くの建物の中で最も大きい。

正月七日の酒宴の記事に見える「内安殿」は内郭北区画の二つの大型建物のいずれか、「外安殿」は内郭南区画の大型建物と推定する。さらに、「向小殿」は、内郭北区画の南正殿の東側にあった小殿と推定する。この小殿は、「南の正殿と廊状建物でつながり向かい合う関係であった。その規模からも小殿という名称にふさわしい」（林部均『飛鳥の宮と藤原京』吉川弘文館）という。

林部氏はさらに、弓を射る正月儀式である射礼を行った場所として登場する「南門」「西門」「西門の庭」は、内郭の南門の南側、エビノコ郭の西門の西側の空間だったと推定する。

ワン・ポイント

飛鳥京跡苑池

飛鳥時代の苑池《えんち》がそっくり埋まっていた。平成十一年(一九九九)、板蓋宮《いたぶきのみや》跡、岡本宮跡、浄御原宮《きよみはらのみや》跡が重なる宮殿遺跡とみられる飛鳥京跡の北西の飛鳥川右岸から大規模な苑池遺構が発見された。築造は斉明《さいめい》朝。天武《てんむ》朝に改修され、平安時代の一〇世紀ごろまでは存続していたことが明らかになった。「飛鳥宮跡苑池」と名付けられ、国の史跡・名勝に指定された。

南池と北池

苑池は、南池と北池があり、二つの池は渡堤《わたりつつみ》で仕切られていた。渡堤には、コウヤマキの丸太を二つ割りにしてくり抜いて作った木樋《もくひ》が敷設され、南池と北池の通水施設としていた。この木樋の存在で、二つの池は同じ水位を保つようになっていたらしい。

南池の規模は、南北約五五メートル、東西約六〇メートル、正三角形を逆

水をみたした南池の遺構（阿南辰秀氏撮影、橿原考古学研究所提供）

さまにして丸みを持たせたような形をしていた。直線と緩やかなカーブを組み合わせていた。護岸は石積みで行っていた。池底全面に石を張り、深いところで一メートルあった。

南池には、半島状の張り出しや入江のある複雑な形の中島、南寄りに満水時にわずかに姿を現す島状の石積みがあった。見た目に配慮した、鑑賞するための池だったことがうかがえる。

南池の南端に近いところから花崗岩の石造物二個が

出土した。一個は最上部に横孔《あな》が貫通し、水面に向かって放水する噴水施設だったらしい。原位置を保っていたとみられる。もう一つは、長円形のまるで浴槽のような花崗岩製の水槽だった。具体的な使用法は分かっていない。

二つの石造物の出土地は、大正五年（一九一六）に出土した「出水《でみず》の酒船石」（現在は個人蔵）の出土地点に程近く、苑池には、細工を施した数個の花崗岩を組み合わせて導水と噴水を優雅に演出する施設が備えられていたらしいことが明らかになった。

飛鳥京跡苑池の形状

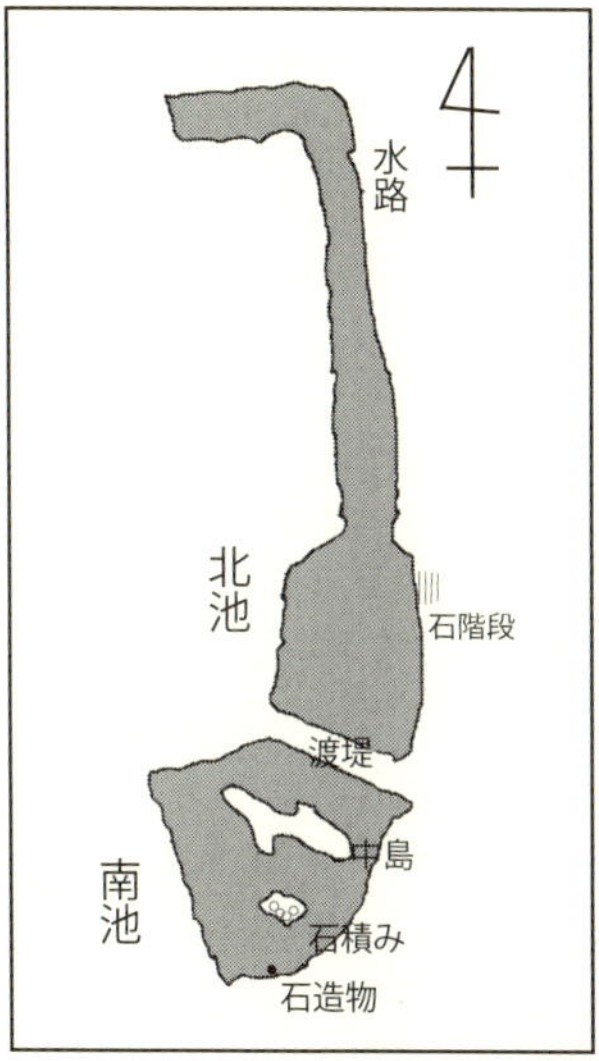

出土した石造物

北池は、南北四六～五四メートル、東西三三～三六メートルの規模、釣り鐘のような形をしていた。池底に張り石があり、深さは南池より深く、約三メートル。

平成二十三年に東北コーナーが確認され、岸辺から階段状の石積みが見つかった。奈良時代以降なら小石を敷いた州浜として表現する汀《なぎさ》を石組みの階段としたものなのか、何らかの祭祀のために水辺に降りるための施設だったのか、さまざまな解釈がある。

北池の北端からは、幅四メートル程ある水路が北に約六〇メートル以上延び、逆L字状に西に折れていることが分かっている。この水路も実は北池の一部で、北池にも中島が存在していた可能性もあるという。全面発掘していないので、池の形状はまだ確定していない。

「白綿御苑」の可能性

池底の堆積土《たいせき》から「丙寅年」（天智五年＝六六六年と考えられる）、「嶋官」などの木簡が出土し、注目されている。「嶋官」は官職名とされるが、なぜそのような呼び名が用いられたのか、草壁皇子の「嶋宮《しまのみや》」とは全く関係がないものなのか、謎を含む。

土壌分析からは、苑池にはハス、オニバス、ミズアオイなどの水生植物が、周辺にはモモ、ナシ、ウメなどの果樹が植えられていたことが推察できるという。宮殿に付属する庭園施設の中の苑池だったことは間違いないようだ。

飛鳥地方で見つかっていた飛鳥時代の苑池遺構は約十カ所を数える。石積み護岸をもつ四角い方形池が多く、複雑な汀をもち、明らかに庭園施設と考えられるものは、この飛鳥京跡苑池が唯一。「曲水の宴」などが盛んに行われたとみられる平城宮の東院庭園などにつながるものなのか、古代庭園研究史の上ではかり知れないほど重要な発見となった。

『日本書紀』の天武天皇十四年十一月条にみえる「白錦御苑《しらにしきのみその》」にあたる、との見方がある。ただ記事は「白錦御苑に幸す《いでま》」となっており、「幸す《いでま》」のはそれなりの遠距離に行く場合の表現で、天武が飛鳥京上層の浄御原宮に居たとすれば近すぎるのではないか、との見方もある。

奈良県は、この苑池の復元計画を進めている。近い将来、謎のとロマンを秘めた飛鳥京の苑池が蘇る。

18 大官大寺《だいかんだいじ》——謎の筆頭官寺

天武政治は改革に次ぐ改革を断行した。だからといって古いものを何もかも打ち壊したわけではない。むしろ、古来の伝統を新時代に生かした。

その一つが伊勢神宮の祭祀。天武《てんむ》二年(六七三)四月といえば即位の二カ月後。わが娘の大伯《おおく》皇女を泊瀬斎宮《はつせのいつきのみや》で潔斎《けっさい》させ、天照大神《あまてらすおおみかみ》に仕える斎王《さいおう》として伊勢に送った。同神宮を国家の神、天皇家の神として制度化する第一歩だった。

伊勢神宮はいわゆる皇祖神の天照大神を祀《まつ》るが、いつごろから大和朝廷との結び付きを深めるようになったのか、よく分かっていない。『日本書紀』では、崇神《すじん》天皇の時代に宮中で倭大国魂神《やまとのおおくにたま》といっしょに祀っていたのをやめ、垂仁《すいにん》天皇の時代に笠縫邑《かさぬいのむら》から伊勢へ移し祀ったことになっているが、四世紀のことと解釈できるこの伝承をそのまま信じる研究者は少ない。天武天皇の時代になって初めて、本格的に国家の神、天皇家の神として祭祀するようになったとの見方がむしろ多い。古代国家形成に関わる重大事なのだが、古代史の大きな謎のひとつである。

伊勢は大和の東にあった。東の海のかなたにある神仙境の「常世《とこよ》」との関連、東国経略との関連などさまざまな見解があるが、いつのころからか、大和王権にとってかけがえのない地になったのだろう。少なくとも天武

広瀬神社（北葛城郡河合町）

は、こうした伝統を天皇尊厳化のために巧みに利用した。

　風の神・竜田神《たつた》（奈良県三郷町の竜田大社）と水の神・広瀬神《ひろせ》（奈良県河合町の広瀬神社）も毎年のように祭祀した。壬申《じんしん》の乱で勝利に導く託宣《たくせん》があったとされる牟狭《むさ》の神（橿原市見瀬町の牟佐座神社）や村屋《むらや》の神（奈良県田原本町の村屋神社）なども手厚く祀った。

おおきつかさのおおでら

　仏教に対しても、天武自ら深く崇敬、奨励策をとる一方で、国家統制を強化した。天武五年（六七六）には、諸国に放生会《ほうじょうえ》（生きものを逃がす仏教行事）を営ませ、「金光明経《こんこうみょうきょう》」と「仁《に》王経《おうきょう》」を説かせている。「金光明経」は鎮護国家の代表的経典、奈良時代に鎮護国家を願って建立された東大寺の正式名称は「金光明四天王護国之寺」だった。「仁王経」もさまざまな災難を回避する護国経典だった。

　仏教統制の根幹となった大事業に、わが国最初の国立寺院、大官大寺《だいかんだいじ》の造営があった。『日本書紀』によると、天武二年（六七三）十二月、壬申の乱の功臣、美濃《みの》王と紀臣訶多《きのおみかた》麻呂《まろ》を造高市大寺司《たけちのおおでらつくるつかさ》に任命した。「いまの大官大寺である」と注記している。『大安寺《だいあんじ》伽《が》藍縁起流記資財帳《らんえんぎるきしざいちょう》』（以下『大安寺縁起』）は、天武六年（六七七）に高市《たけち》大寺を大官大寺と呼び名を改めた、とする。

これらの記録から、天武は即位後すぐに高市大寺の造営に着手し、のちに大官大寺と改めたことが分かる。

『日本書紀』によると、天武十四年（六八五）の九月二十四日から三日間、大官大寺、川原寺、飛鳥寺で天皇の病気回復を祈る法要が営まれている。天武朝末年にはかなり寺観を整えていたらしい。

この記事の記載順は大官大寺がトップで、飛鳥寺が最後。これについて門脇禎二氏は「飛鳥寺にとっては地位の大低下だった。ひとり飛鳥を代表する大寺として存在した日々は、すでに過去のものとなっていったのである」（『飛鳥―その古代史と風土』日本放送出版協会）とした。つまり、大官大寺を造ることによって仏教界の往年の秩序をひっくり返した天武の仏教政策をみた。

大官大寺は「おおきつかさのおおでら」、つまり、天皇家の寺、朝廷の寺、国家の寺だった。寺格が他に抜きん出て高い筆頭官寺、寺の中の寺だった。

史跡・大官大寺跡の発掘

大官大寺跡は、香久山の南方、橿原市南浦町から明日香村小山、奥山にわたる地域に現存、国史跡に指定されている。いまは、水田の中に残る二つの土壇上に石碑が立つだけだが、明治時代までほとんど全ての礎石が残っていた。明治二十二年（一八八九）の橿原神宮

大官大寺跡。後方は香具山

造営ですべて持ち去られた、という。

昭和四十八年以来およそ十年がかりで、奈良国立文化財研究所が発掘調査した。

その結果、中軸線上に中門、金堂、講堂が並び、金堂の前（南）方東側に塔を配し、回廊は中門、金堂に取り付き、講堂の背後（北側）で閉じる、という前例のない伽藍配置が明らかになった。

金堂基壇は東西五三メートル、南北二八・五メートル、高さ一・七メートル。あまりに大きく、発掘前は講堂跡と考えられていた、という。調査で確認された金堂は間口九間《けん》、奥行き四間《けん》で、四面に廂《ひさし》が付く。飛鳥時代の他の寺院と比べると格段に大きく、藤原宮や平城宮の大極殿《だいごくでん》並みの規模だった。

塔跡基壇も大きく、東西三六メートル、南北三七メートルもある。塔本体は一辺一五メートル。法隆寺の五重塔や薬師寺の三重塔の二倍から二倍半に相当する。高さは一〇〇メートル程もあったと推定されている。香久山をはるかに超える高さにそびえていたらしい。『大安寺縁起』などは九重塔だった、と伝える。

出土した瓦は藤原京時代のものだった。金堂と中門の基壇を造成した土の中にも藤原京時代の土器が混入していた。さらに、基壇の下層から、藤原宮が造られる直前まで機能していた建物跡が見つかった。いずれも、飛鳥から藤原宮への遷都《せんと》（六九四年）以後に造営されたことを物語るデータだった。

寺城は、藤原京の条坊《じょうぼう》にきっちり乗って、左京四坊九・十条の六町分（東西二六六メートル、南北四〇〇メートル）を占めていた。

大官大寺跡の大官大寺は藤原京時代のもので、天武朝の大官大寺ではなかったのである。

『続日本紀《しょくにほんき》』や『大安寺縁起』は、藤原京時代、文武《もんむ》天皇が、高橋朝臣笠間《たかはしのあそんかさま》を造大安寺司に任命するなどして「大安寺」の造営に力を入れたことを伝える。九重塔と金堂の造営を大々的に進めたこともうかがわせる記事もある。香久山南方で発掘された大官大寺跡は、その文武朝の大安寺の遺構だった。

ということは、天武天皇が発願し、天武朝末年には確実に寺観を整え、筆頭官寺としての寺格を誇った大官大寺（高市大寺）は別の場所にあったことになる。文献からは想定できなかったことで、謎を解明するはずの発掘調査が新たな謎を生み出す典型的な事例となった。

天武朝の大宮大寺は、奥山久米寺《おくやまくめでら》（明日香村奥山）説、紀寺《きでら》跡（同村小山）説、木之本《きのもと》廃寺（橿原市木之本町）説などがあるが、ベールに包まれたままだ。

百済大寺の謎

大宮大寺にまつわる謎は多くて、深い。前身寺院である舒明《じょめい》天皇発願の百済大寺がどこにあったか、これも深い謎で、長い論争が繰り広げられてきたことは「7　百済川」編ですでに書いた。

桜井市吉備で発見された吉備池廃寺が、その豪壮な規模、時代の合う大ぶりの瓦の出土などで百済大寺跡としてクローズアップされ、確定したように解釈する研究者も少なくないが、まだ物的証拠が出たわけではない。『日本書紀』は「百済川の側《ほとり》」に造ったと伝

吉備池廃寺（桜井市吉備）

えるが、吉備池廃寺の近くを流れるのは米川《よねかわ》で、「百済川」と呼ばれた可能性を示唆するものは何もないし、いっしょにあったはずの百済宮の手掛かりも得られていない。

大安寺の謎

大官大寺は、平城京に遷されて大安寺になったという伝えと、奈良時代に現地で焼亡したという伝えがある。このあたりも謎だらけである。

『大安寺縁起』をはじめ『続日本紀』『三代実録』などは、平城遷都に伴って大官大寺を平城京左京六条四坊に移して大安寺とした、とする。いま、奈良市大安寺町にその法灯を伝える。奈良時代の建物は全く残らないが、巨大な東西両塔跡などが、官寺の伝統をひいて壮大だった伽藍をしのばせる。

これに対して、仏教史のことが詳しい平安時代の歴史書『扶桑略記《ふそうりゃっき》』には、和銅《わどう》四年（七一一）に藤原宮とともに焼亡したという記

大安寺西塔跡（奈良市大安寺町）

事がみえる。

木下正史氏によると、大安寺跡の発掘調査では、文武朝の大官大寺（大安寺）は火災にあっていたことが分かった。金堂と中門の跡では、焼け落ちて地中に突き刺さった部材の痕跡がなまなましく検出された。大官大寺は和銅三年（七一〇）の平城遷都後も藤原京に残っていて、焼亡したことになる。

果たして、大官大寺は平城京に移されたのか、藤原京で焼亡したのか。

木下正史氏は、『大安寺縁起』は、文武天皇が丈六《じょうろく》仏を造ったことを記しながら資財目録には記載していないことに注目する。そして、その資財目録には、舒明天皇の施入した灌頂幡《かんちょうばん》、天智天皇が安置した丈六像と脇侍《わきじ》像、天武・持統天皇が施入した繍仏《しゅうぶつ》、経巻など、古い時代のものほどきっちり記載されていることに首をひねる。

その上で、「文武天皇造営の大官大寺が焼けて多くの資財が失われるいっぽうで、百済大寺以来の仏像などは、天武天皇建立の大官大寺に所蔵されていたために焼けずに伝承されたのではないか」と推理する。藤原京に二つの大官大寺が併存していた可能性を考えるのである。（木下正史『飛鳥・藤原の都を掘る』吉川弘文館）

いかにも謎多き寺といえる。

19 軽市《かるのいち》──街《ちまた》のにぎわい

天武《てんむ》十年（六八一）冬十月、天皇は広瀬野（北葛城郡河合町、広陵町付近）での観閲を計画した。行宮《かりのみや》も造り終わり、すべての用意を整えた。ところが、天皇は行かず、中止になった。

親王や群卿《まえつきみたち》が軽市《かるのいち》に集い、装いを凝らした飾馬の行進を検閲した。小錦以上の大夫《まえつきみ》らは木の下に並んで座り、大山位以下の者多数が馬に乗って大路を南から北へ進んだ。

〈巻第二十九・天武天皇〉

軽市《かるのいち》は、近鉄橿原神宮前駅の東方、国道169号と明日香村方面へ向かう県道の交差するあたりにあった、といわれる。

畝傍《うねび》山を西に見て南北に一直線に走る国道169号は、古代官道の下ツ道とほぼ重なることが、発掘調査でも確認されている。飾馬が南から北に向かって行進したという軽市の大路は、下ツ道《しもつみち》のことだったに違いない。一方、明日香村に通じる東西方向の県道も古代の幹線道路だった山田道の痕跡といわれる。軽市は、下ツ道と山田道の交差点付近に形成された市だった。

下ツ道は、交差点の南約三〇〇メートルで見瀬丸山古墳に突き当たるが、古道は同古墳の西側をう回して、さらに南方に延びていた。高取町から巨勢《こせ》谷（御所市）、五條市を経て紀ノ川沿いに和歌山方面へ通じていた紀路《きじ》だった。これも七世紀には確実に存在した古代幹線道の一つ。軽市は、北や東ばかりでなく、南にも通じる交通の要衝に立地していたのだった。

軽市は、下ツ道と山田道の交差点付近に形成され、にぎわったらしい（橿原市石川町）

　推古《すいこ》紀に、欽明《きんめい》天皇の妃、堅塩媛《きたしひめ》を桧隈大《ひのくまのおお》陵《みさぎ》に合葬する際、軽街《かるのちまた》で誄《しのびごと》（死者の霊に弔辞を述べる儀式）をした、との記事があることは「5　桧隈《ひのくま》」編で既に書いた。「ちまた」とは「道の分かれるところ」で、繁華な場所をも意味する。交通の要衝に市《いち》が立ち、街が形成される現象は、昔も変わらなかったらしい。

古代の市

　古代の市といえば平城京の東市《とういち》、西市《さいいち》がまず思い浮かぶが、三輪山麓の海石榴市《つばきいち》、竜田道と上ツ道が交差した天理市櫟本《いちのもと》町にあった石上衢《いそのかみのちまた》などもよく知られるところ。

海石榴市では歌垣《うたがき》が行われた、と伝える。歌を掛け合い、踊って遊ぶ青年男女の集い。公然と認められた異性ハントの場でもあったらしい。

紫《むらさき》は灰《かい》指すものと海石榴市の
　八十《やそ》のちまたに逢へる児や誰《たれ》

『万葉集』にも、歌垣で詠まれたらしい歌が見える。「四方八方に街路が通じる海石榴市で見かけたあなたは誰ですか」と、女性に名前を問いかけている。女性が名を明かせば、男の求愛に応じることになる。

たらちねの母が呼ぶ名を申さめど
　路《みち》行く人を誰と知りてか

「母なら答えるが行きずりの男の人には答えられません」と、軽くいなす。相手に気を持たせる拒絶との解釈もあり、万葉歌は海石榴市を舞台に織りなされた男女の微妙な心の綾をいまに伝える。

武烈《ぶれつ》天皇と影媛《かげひめ》の見合いの場も海石榴市だった。武烈は、歌の掛け合いで影媛が平群《へぐりの》鮪《しび》と通じていたことを知る。当時、鮪の父、真鳥《まとり》は王権をしのぐ勢いで、国政を欲しいままにしていたという。武烈はただち軍を発し、鮪を那羅山《ならやま》（奈良市）で殺す。影媛は那羅山に駆けつけ、鮪の遺骸に取りすがって泣きじゃくる。平群氏滅亡の端緒となった。

古代においても、繁華な街は男女が恋を語り合うと同時に名誉や権力を競い合い、悲劇を生み出すところだったのだろうか。

上ツ道・中ツ道・下ツ道

『日本書紀』の壬申《じんしん》の乱（六七二年）の叙述には数多くの地名が登場するが、「飛鳥《あすか》浄御原宮《きよみはら》（上）」編でみたように、大和平野を南北に貫いていた上ツ道《かみつみち》、中ツ道《なかつみち》、下ツ道《しもつみち》は、すでにこの時期に機能していたことが、はっきり分かる。

相前後して、斑鳩《いかるが》と飛鳥を結んだ筋違道《すじかいみち》（太子道《たいしみち》）、平野南部を東西に横断、竹内街道などを経て難波に通じていた横大路《よこおおじ》、海石榴市から阿部《あべ》丘陵、飛鳥盆地を経て下ツ道につなぐ山田道《やまだみち》、天理市櫟本《いちのもと》付近から斑鳩を経て亀ノ瀬から難波に抜けた竜田道《たつたみち》なども整備されたらしい。

藤原京は、中ツ道、下ツ道を東西の京極とし、北を横大路、南を山田道で画していた、との説を提唱したのは岸俊男氏。最近、この範囲の外側から藤原京時代の条坊道路遺構が数多く検出され、藤原京の範囲はもっと広かったことが明らかになってきているが、藤原京の条坊区画がこれらの幹線道路を基準に計画されたことは疑えない。

下ツ道を北へ延長すると平城京のメインストリートである朱雀大路《すざくおおじ》と重なり、中ツ道の延長は平城京の東京極とほぼ一致することも知られる。両道は平城京造営の基準ともなった。

大和平野の真ん中を南北に縦断する下ツ道は、幅二〇メートル前後もあった、大路だったらしい。平城宮跡、大和郡山市の稗田《ひえだ》・若槻遺跡、橿原市内など数カ所で遺構が検出されている。稗田・若槻遺跡では奈良時代の下

稗田・若槻遺跡から検出された下ツ道の橋遺構（橿原考古学研究所提供）

ツ道遺構がくっきり発掘され、東側の側溝は幅一一メートル、深さ二メートル、運河と呼ぶにふさわしい規模だったことが分かった。橋遺構も出土した。

中ツ道は、橿原市出合町付近で遺構が検出されている。飛鳥寺の外郭西辺道路が中ツ道の延長線と一致することから、飛鳥の各王宮や施設の造営の基準線となったのではないか、と推定されてきたが、飛鳥盆地内からは中ツ道そのものの遺構は発見されていない。

上ツ道もいまのところ明確な遺構は出ていないが、三官道とも地上にくっきり痕跡を残す。中近世、上ツ道は上街道《かみかいどう》、中ツ道は橘《たちばな》街道、下ツ道は中街道《なかかいどう》として、大和の南北幹線としての役割を果たし続けた。奈良県のメインストリート、国道24号も京奈和自動車道

中ツ道（藤原京時代の東四坊大路）の遺構。後方は香具山（橿原市出合町）

も、いまに残る下ツ道といえなくもない。

人麻呂の挽歌

交通の要衝に発達した軽市も万葉の舞台として知られる。軽市の近くに住んでいたらしい妻（恋人）の死を悼んで詠んだ柿本人麻呂の挽歌《ばんか》があまりにも名高い。

「天飛ぶや　軽の路は　吾妹子《わぎもこ》が　里にしあれば…」と、生前の交際から詠み起こす長歌である。人の目を忍んで会う間柄だったらしい。

その妻が、突然亡くなった。

「渡る日の　暮れ行くがごと　照る月の
雲隠るごと　沖つ藻《も》の　靡《なび》しき妹は　黄葉《もみじば》の
過ぎて去にきと…」

人麻呂は悲嘆に暮れた。面影を求め、妻がよく出かけていた軽市へ行った。

吾妹子《わぎもこ》が　やまず出で見し　軽市に
わが立ち聞けば　玉だすき　畝傍の山に

鳴く鳥の　声も聞こへず　玉桙《たまほこ》の　道行く人も　一人だに　似てし行かねば　すべを無《な》み　妹が名呼びて　袖《そで》を振りつる

しかし、畝傍山の鳥の声も聞こえない。妻の声も聞こえない。路行く多くの人々もだれ一人、妻に似たものはいない。どうしようもなく、妻の名を呼び、袖を振った――。

人麻呂挽歌中の最高傑作、ともいわれる。ここでは、哀悼感ほとばしる名作の中に、畝傍山の近くにあった軽市のにぎわいを読み取りたい。藤原京の時代、天武朝からわずかに後のことだった。

軽の地は、懿徳《いとく》天皇の「軽曲峡宮《かるのまがりお》」、孝元《こうげん》天皇の「軽境原宮《かるのさいかばら》」、応神《おうじん》天皇の「軽島豊明宮《かるのしまのとよあかり》」などの所在地とも伝承する。「軽池」「軽寺」「軽の社」なども『記・紀』や『万葉集』に登場する。

応神紀には、百済王から贈られた良馬二頭を「軽坂上廐《かるのさかのうえのうまや》」で飼い、その場所を「廐坂《うまやざか》」と呼ぶようになった、とある。興福寺の前身の廐坂寺があったところともいわれる。蘇我稲目《そがのいなめ》の「軽曲殿《かるのまがりどの》」も伝える。軽の地は古代史の上できわめて重要な土地柄だった。

松本清張氏や金達寿氏は、「軽」は「韓」だとみた。朝鮮渡来文化の最初に根を下ろした地、との見解。飛鳥よりも早く、都市文明の花開いた地とも考えた。

ワン・ポイント　富本銭

わが国で最初に貨幣が造られたのは天武天皇の時代、飛鳥においてだった。平成十一年（一九九九）、明日香村飛鳥の飛鳥池遺跡で最古の貨幣、富本銭《ふほんせん》の製造が明らかになった。教科書を書き換えた。

飛鳥池工房

飛鳥池遺跡の発掘調査は、奈良文化財研究所によって実施された。発掘面積は、およそ一万二〇〇〇平方メートルに及んだ。掘り出されたのは、飛鳥時代の工房の跡だった。金、銀、ガラス、銅、鉄、漆《うるし》などの製品を製造したり、瓦を焼いたことが確認された。銅製品のひとつとして富本銭の鋳造があった。

Y字形の谷地形を利用して造った多数の炉《ろ》跡、焼土や廃棄物の堆積層、瓦窯《かわらがま》跡、倉庫跡、井戸跡などが見つかった。管理事務所だったらしい大垣で囲まれた建物跡もあった。汚水を浄化するための施設だったらしい沈殿池が六つ見つかり、環境に配慮した「エコ工房」だったことが分かった。

出土遺物は、未製品、失敗作、加工屑、金属のこぼれ滴などがおびただしい数に上り、フイゴの羽口《はぐち》、るつぼ、砥石《といし》などの道具類もザクザク。クギ、座金、蝶番《ちょうばん》など製造するためのひな型である木製の「様《ためし》」もたくさん出土、発注者の注文に応じて製作していたことをうかがわせた。

製造された製品は多種多様。遺構のようすと出土遺品から、金・銀の工房、ガラス・宝玉製品の工房、漆の工房、鉄製品の工房、銅製品の工房、富本銭の工房などに、それぞれ分かれて操業していたことが判明した。

鉄製品の工房跡では、炉跡が一～一・五メートル間隔で、規則正しく一列に並んで見つかり、幾人もの人が同じ作業に精を出していたようすをうかがわせた。「管理」や「ノルマ」と無縁でない作業が行われていたらしい。

金・銀を用いたものとしては、衣冠の装飾品や各種装身具、寺院や仏像の装飾品、仏具の飾りなどが製作されたよう。棺の飾り金具なども造ったとみられる。ガラス玉は、緑、青、黄、褐色などのものが出土。琥珀《こはく》、メノウ、水晶、べっ甲、サンゴなどの宝玉類も加えて、きらびやかな装飾品が多数製造されていたことをうかがわせた。

飛鳥の発掘調査では、よく〝金ピカ〟製品が発見されて話題になってきたが、それらの幾つかは、この工房で作られたものだったかも知れない。銅製品は、富本銭のほか、各種飾金具、クギ、銅管などの建築材、針、鏡、仏像などを製造していたらしい。仏教寺院に用いられたらしいものが多かった。銅製の人形《ひとかた》も見つかった。人形は、罪・穢《けが》れを川や溝の流れに流す「祓《はら》え」に用いられた。普通は木製のものが用いられ、『延喜式』では、天皇、中宮、東宮だけが銅製を用いたと伝える。朝廷ご用達《ようたし》の工房でもあったらしい。

富本銭と鋳棹《いざお》（奈良文化財研究所提供）

教科書を書き換える

富本銭は、三百点近く出土した。大半は鋳造に失敗した不良品で、周囲に鋳《い》バリがそのまま残っているものも少なくなかった。鋳棹《いざお》、砕かれた銭笵《せんぱん》（鋳型）の破片やるつぼ、フイゴの羽口、砥石などの工具類も大量に出土した。鋳造の時期は、工房の操業期間の中でも早い段階だった。奈良文化財研究所は、堆積層の観察から「いくら遅くても八世紀に下ることはない」と断定した。飛鳥時代に遡《さかのぼ》る、わが国最古の造幣所の発見となった。

日本の最初のお金は、「和銅元年（七〇八）に造られた和銅開珎《わどうかいちん》」と教科書で教えられ、誰もがそう信じていたから、「常識」を覆す発掘成果となった。最初の通貨は「和銅開珎」ではなく、「富本銭」だった。

『日本書紀』は、天武天皇十二年（六八三）四月の記事として、「今より以降、必ず銅銭を用いよ。銀銭を用いることなかれ」という詔を載せる。和銅開珎の発行より二十五年も前のことで、ここにいう銅銭、銀銭とはいったい何だったのか、従来から古代史の謎のひとつだった。

富本銭自体はそれまでも、平城京跡と藤原京跡からそれぞれ二点、大阪市の細工谷《さいくだに》遺跡（難波宮跡近く）から一点、合わせて五点が出土していた。江戸時代にまじない用に造られたものがあったことから、中世以降に造られた厭勝銭《えんしょうせん》（まじない銭）と考えられてきた。

昭和六十年（一九八五）、大和郡山市の平城京跡（ごみ焼却場建設地）の井戸跡から確実に奈良時代に埋まった富本銭が出土した時も、奈文研は、いまひとつ納得しないまま「奈良時代の厭勝銭」との見解をとっていた。今回の発掘で十五年ぶりに覆り、最古の貨幣だったことがはっきりした。

奈文研によると、飛鳥池工房で製造された富本銭は確実に一万枚を下らない。だが、和銅開珎と比べると出土数は極めて少ない。地方の遺跡から出土することもない。はたして富本銭は本当に流通していたのか。飛鳥時代の流通経済の成熟度はいかほどだったのだろうか。

山尾幸久・立命館大学名誉教授は、「肝心かなめの問題は企てそのものである」として、富本銭の発行を「国家の成立の目印」と評価した。銀銭は、貨幣の働きをしてきた稲束や麻布などと同じように、現物自体が持つ実際の価値で取引に用いられていたと考えられるのに対し、富本銭は「銅の地金の価値とは全く無関係に、国家が法定価値を自由に決めて、その価値尺度の通用を社会に強制し、保障する通貨」だった、とした。（「毎日新聞」99年2月17日付）

飛鳥池工房の発掘は、日本の貨幣史や経済史を根本的に書き換えたのである。

天武天皇の時代を語る木簡群

飛鳥池遺跡からは、八〇〇〇点を超える木簡が出土した。その中には「天皇」と記した文書木簡もあった。最古の「天皇木簡」の出土例となったばかりでなく、飛鳥時代の六八〇年代ごろ、「天皇」号が確実に使用されていたことを示す最古の史料となったのである。

出土木簡には「飛鳥寺」があり、ほかにも「願恵」「大徳」「知事」「大師」「禅師」「比丘」「法華経」「観世音経」など仏教に関わる語句を記したものが多数あった。飛鳥寺に付属していた東南禅院《とうなんぜんいん》の瓦を焼いたらしい瓦窯も検出された。

東南禅院は、わが国の法相宗の祖とされる道昭《どうしょう》が建て、住んだことが『日本書紀』と『続日本紀』から分かる。道昭は、渡来系の船《せん》氏の出身で、河内で生まれた。六五三年に入唐、八年間滞在して玄奘三蔵《げんじょうさんぞう》に師事、唯識《ゆいしき》学を学んだ。同じ部屋に住むことを許されるほど玄奘の信用を得たという。六六〇年に帰国、飛鳥寺の東南隅に禅院を営んだのはその二年後だった、と伝える。

道昭は、東南禅院で志ある若い僧らに唯識学の講義を行ったようだが、やがて、各地を周遊し、橋を架けたり、道や渡し場を造ったり、井戸を掘るなど土木事業を行った。後に、同じような社会事業に尽くし、大仏建立の勧進《かんじん》に努めた行基《ぎょうき》は、弟子の一人だった。七十二歳で亡くなり、遺言に従って栗原《くりはら》の地（明日香村）で火葬された。日本で最初に火葬された人物と伝えられる。

寺の名前を記したらしい木簡は、「飛鳥寺」以外に一〇点以上。「葛城」「平君（平群）」「波若寺（般若寺）」「石上寺」「龍門」などがあった。飛鳥時代の寺院研究にとって、極めて貴重な史料の出現といえる。

例えば、「龍門」が「龍門寺《りゅうもんじ》」のことであれば、龍門岳のふもとの吉野町山口に塔跡（奈良県指定史跡）などが現存するものの創建時期がはっきりしなかった龍門寺が、飛鳥時代にすでに存在していた可能性を示唆することになる。

僧侶の名前を記したとみられる「智調師」「智証師」「観勒」「浩然法師」などもあった。うち「智調師」は、『日本霊異記』に、道昭の臨終に立ち会った弟子として登場する知調《ちちょう》のこととみられている。「観勒《かんろく》」は、推古十年（六〇二）に百済から来朝、暦の本、天文地理、方術（占いの術）などを伝え、法隆寺の初代別当になった勧勒《かんろく》のことかもしれない。

飛鳥池遺跡の工房跡は、まるで『日本書紀』が埋まったような遺跡だった。

20 新益京《あらましのみやこ》――藤原京の造営計画

天武《てんむ》天皇は、律令国家体制と天皇中心の強大な集中権力体制を確立したはずなのに、王宮はずっと飛鳥浄御原宮《あすかのきよみはらのみや》にとどまった。

「17 飛鳥浄御原宮（下）」編で書いたように、その王宮は明日香村岡の飛鳥京跡Ⅲ―B期の宮殿遺構と考えられる。壬申《じんしん》の乱（六七二年）に勝利して飛鳥に凱旋、即位式をあげるにあたって大極殿に相当するエビノコ郭《かく》（東南部）を造営したようだが、本体の諸宮殿や内裏は、母、斉明《さいめい》天皇が造営した宮殿（後飛鳥岡本宮）をそのまま用いたらしいことが発掘調査で明らかになってきている。

後飛鳥岡本宮《のちのあすかのおかもと》の造営は斉明二年（六五六）のことだったから、天武即位時には既に一六年が経過していた。天武天皇が亡くなる朱鳥《あけみとり》元年（六八六）にはまる三〇年の歳月が経過していたことになる。

飛鳥京の宮殿建築はすべて柱を地中に埋める掘立柱《ほったてばしら》建物、耐久年限は二〇年そこそこといわれる。屋根は板葺《いたぶ》きかこけら葺きだっただろう。かなり老朽化が進んでいたのではなかろうか。発掘調査では、建て替えのこん跡はほとんど見つからないという。大権力者であり、財力においても卓越していたはずの天武が、そんな老朽化した宮殿に生涯いたというのは、いったいどういうことだろうか。不思議といえば不思議である。

実は、天武は、新しい宮都造営を計画して

いた。次のような記事がある。

天武十一年（六八二）三月、三野《みの》王を新《にい》城《き》に派遣、地形を見させた。自らもその月のうちに新城を視察した。

天武十二年（六八三）十二月、天皇は「都城《みやこ》や宮室《おおみや》は一カ所だけでなく二、三カ所は造るべきもの。まず、難波《なにわ》に都を造ろうと思う。百寮の者は各々、難波に行き、家の敷地を賜れ」との詔を出した。

天武十三年（六八四）二月、広瀬王に陰《おみ》陽師《ようじ》、工匠《たくみ》を伴わせ畿内で都に適当な地を視察させ、占わせた。また、三野王らを信濃《しなの》に遣わし、地形を視察させた。

〈巻第二十九・天武天皇〉

天武十一年から十三年にかけ、孝徳《こうとく》朝以来の難波宮を復活させて副都とするとともに、大和に新しい本格的な都城を造営、さらに信濃（長野県）に「東の都」を造ろうとするなど、新都造営計画に精力的に取り組んだことがうかがえる。

ところが、天武十四年（六八五）九月、天皇は病に倒れ、一年後の朱鳥元年（六八六）九月、あえなく死去。新都づくりは挫折した。

七年程の中断を経て、新益京《あらましのみやこ》（藤原京）の地鎮祭が行われたのは持続五年（六九一）十二月、藤原宮の地鎮祭は翌六年の五月、遷都《せんと》は持統八年（六九四）十二月のことだった。天武が「新城《にいき》」を視察してから一二年の歳月が流れていた。

先行条坊の謎

藤原宮跡の発掘調査が進む中で、宮域内下層にくまなく、先行の条坊街区が施されていたことが明らかになった。宮の造営は、碁盤《ごばん》目《め》状に通じた街路や、その街路に沿って建てられた建物などを壊して行われていたのである。この先行の街(条坊街区)は、いつ造られた、どのような性格のものだったのか、謎を投げかけてきた。

藤原宮造営の十年以上前に天武天皇によって藤原宮の宮地が決定されていたとすれば、将来の宮域となるところに街路を造ったり、さまざまな建物を建てたりすることはないと考えるのが自然だから、謎を深めた。天武天皇によって藤原宮の造営計画が進められた、と『日本書紀』を読むこと自体が間違いかもしれないという解釈もあった。

木下正史氏は、先行する条坊道路や建物が、出土土器からみて斉明朝から天武朝にかけて造られたとみられること、建物には整然と建ち並ぶ倉庫群や邸宅らしい遺構も存在すること、継続的に使用されたことをうかがわせ、中には建て替えが認められるものもあることなどから、飛鳥の京の一部として機能していた街区だったと考えた。

藤原宮を造る場所として決定される前に役人の邸宅や倉庫、場合によっては役所なども建ち並び、都市的景観をみせていたのではないか、と推測する。大化改新以降、官僚組織の整備が進む中で役人が増大し、後に藤原宮となる地域まで飛鳥の都が拡大していたのではないか、とみるわけだ。

『日本書紀』に天武五年（六七六）ころから「京《みやこ》」や「京師《みやこ》」の語が頻出することに注目、飛鳥の都が、これらは飛鳥盆地を越えた地域へ拡大していたことを示すものではないかとみる。「新城」というのは「新しい都城」を意味し、後の藤原宮のあたりまで京城が広がっていたものと推測する。（木下正史『飛鳥・藤原の都を掘る』（吉川弘文館））

このように解釈すると、天武九年（六八〇）に発願された薬師寺が藤原京の条坊（右京八条三坊）にきちんと乗ることもすんなり納得できる。薬師寺が計画された時には、後に藤原京の条坊として踏襲される街区がすでに存在していたということだ。薬師寺だけでなく紀《き》寺、大窪《おおくぼ》寺、膳夫《かしわで》寺なども、後に藤原京となる地に、天智・天武朝にかけて造営が進められたとみられる、という。

どうやら、飛鳥から藤原京に遷都した、都が移転したというふうに考えるのは正しくない歴史解釈のようだ。律令国家体制の整備とともに役人数の増大などで飛鳥京が拡大（都市膨張）、六九四年になって、内裏や大極殿・朝堂などの中枢施設も狭い飛鳥盆地から、大和三山に囲まれ広々とした平地へ移した。これが藤原京時代の開幕だった、と考えるべきということだろう。

なお、『日本書紀』には「藤原宮」はみえるが「藤原京」はない。京のことは、あくまで「新益京」と表記する。

大君は神にし坐せば赤駒の
はらばう田井《たい》を都となしつ

藤原京１０００分の１模型。「大藤京説」を採る（橿原市藤原京資料館）

大君は神にし坐せば水鳥の
多集《すだ》く水沼《みぬま》を都となしつ

『万葉集』巻十九にみえるこの歌は、「神にし坐せば」と天武天皇の都づくりを讃美した歌として有名だ。飛鳥浄御原宮がエビノコ郭を増設しただけで後飛鳥岡本宮を継承して用いたものであったとすれば、いまひとつ納得のいかない情景を詠むものだが、新益京の都づくりのことを詠んだ歌であったとするならよく納得できる。藤原宮跡あたりの平地は、地下水位が高くて沼や湿原を呈するようなところが少なくなかったらしい。

飛鳥京・藤原京一体説

橿原考古学研究所の林部均氏も同じように

飛鳥京・藤原京一体説を唱える。

林部氏の著作『飛鳥の宮と藤原京』（吉川弘文館）によると、飛鳥盆地の西方、甘樫丘に連なる丘陵地の五条野向イ遺跡と五条野内垣内遺跡（いずれも橿原市五条野町）から、正殿、後殿、門などがある邸宅跡らしい遺構が見つかったが、どちらも地形に制約されずに正方位に造営されていた。また、いずれも天武朝ころに造営され、八世紀初めごろまで存続していた。

こうしたことから、皇極朝から斉明朝にかけて飛鳥の王宮付近で正方位の道路や建物群が整備され、都市的に荘厳化されていったのに続き、天武朝ころから周辺地域に正方位による空間整備が拡大していったのではないか、とみる。やがて、正方位の空間整備は藤原宮地域へも拡大した、天武五年から始まった「新城」の造営はそれにあたると考える。

天武朝には、条坊制の有無はともかく、実体としては、浄御原宮を中心に飛鳥・藤原地域への広がりをもつ「飛鳥京」が存在していた、と主張する。いわば、「大飛鳥京論」だ。

天武紀に「京」や「京師」がひんぱんに登場し、その十四年紀には「京職大夫」という役人名がみえるのも、天武末年に「京」が確立していたことを示すものと解釈する。

林部氏はさらに、藤原宮の周囲に幅六〇メートルを超える空閑地が取り巻いていたことについて、「藤原宮と藤原京では設計の単位が異なっていたため」と指摘する。藤原宮と藤原京は一体で設計されていなかったためであり、藤原京設計段階で宮の位置が決まっていなかった証拠と考える。藤原京は、宮と京の条坊が一体の都城に移行する過渡的な様相をもつ都城だった、とみなす。

さらに林部氏は、「藤原京のかたちを規制したのは浄御原令」と考え、大宝令《たいほうりょう》（七〇一年）が施行されるまでは、「条坊制が施行されていた地域も、そうでない地域も含めてかなり広い範囲が『京』という特別な空間として認識され、行政的にも区別された存在であったと考えたい。すなわち、七〇一年に大宝令が施行されるまでは、『飛鳥京』も含めて『京』であったのではないか」とする。少なくとも七世紀中は、飛鳥京と藤原京は一体のものだった、と考えるのである。

崩れる岸説

藤原京は古代幹線道の下ツ道、中ツ道、横大路、山田道に囲まれた範囲に造営されたとする岸俊男氏の復原説は広く認められ、教科書にも載ってきた。林部氏は、その定説を突き崩す決め手となった四条遺跡（橿原市四条町）の発掘担当者だった。

同遺跡は昭和六十二年（一九八七）から二年間にわたり発掘調査され、岸説の「京外」から条坊の交差点、建物群、道路に沿う掘立柱塀などが出土、藤原京の時代に、「京外」にも「京内」と変わらない条坊街区が存在したことを明らかにした。

橿原市域と桜井市域の他の「京外」地域からも条坊道路遺構の出土が相次ぎ、いまや、岸説はほぼ完全に覆り、「大藤原京」の存在は疑えない状況になりつつある。

ワン・ポイント

飛鳥の方格地割と大和条里

飛鳥京と藤原京が一体のものであったとすれば、政権中枢が飛鳥盆地にあった飛鳥時代、飛鳥盆地内ではどのような都市づくりが進められていたのだろうか。中枢施設から離れた場所だったはずの後の藤原宮付近でさえ方格地割《ほうかくちわり》（条坊区画）が存在したのだから、当然、整然とした街づくりが進められていた、と考えるべきだろうか。

飛鳥京跡南側の東西道路、川原寺《かわはら》と橘《たちばな》寺の間を通って西に延びるその延長道路、川原寺の東を南北に延びる道路、山田道など、正方位の東西道路と南北道路の存在が確認されている。宮殿、寺院、官衙《かんが》、邸宅なども正方位で整備されていたことが発掘調査で確認されている。やはり、他の地域とは異なる都市的空間を呈していたらしい。

しかし一方で、従来から飛鳥地域の都市整備の基準となったとの見方が強かった中ツ道の延長道路は、香具《かぐ》山を越えてその南側まで延びていなかったこ

橘寺と川原寺の間の東西道路。いまも明日香の幹線道、まっすぐ北方に香具山がある

とが、発掘調査ではっきりした。飛鳥盆地に京の条坊や方格地割が存在したのか、諸説が入り乱れる。

二種類の方格地割

黒崎直氏は、道路遺構や寺院や宮殿の外郭施設の検討から、飛鳥地方には、五分の一里（約一〇六メートル）と四分の一里（約一三二メートル）という二種類の単位寸法で計画された方格地割（条坊）が存在したのではないか、と指摘する。

二種類のうち前者（五分の一里）は条里《じょうり》の一町を構成する単位、後者（四分の一里）は藤原京や平城京で条坊を構成する単位。前者の寸法を基礎とした方格地割は六世紀末の飛鳥寺造営以後に周辺へ拡大していったもので、後者を用いた地割は七世紀中ごろの飛鳥Ⅲ―A期遺構（斉明朝の後飛鳥岡本宮）の時代以降に用いられるようになった、と推定する。今日では、両者の単位寸法を用いた遺構が折り重なって残るため、見えにくく、あたかも方格地割そのものが存在しなかったようにも見えるだけ、と考える。

最初の頃の地割は舒明《じょめい》・皇極《こうぎょく》朝の百済大寺の可能性がいわれる、桜井市の吉備池廃寺あたりまで広がっていた可能性、その施工が舒明朝あたりにまで遡《さかのぼ》る可能性を指摘する。その上で、舒明朝を「中国や朝鮮諸国の動向をみきわめながら百済大宮や百済大寺を造営、日本国家の独自性をめざした」と評価、舒明朝の歴史的意義の見直しの必要性も提唱する。（黒崎直『飛鳥の宮と京』山川出版）

国家プロジェクト

飛鳥京と藤原京の方格地割は一体的なものであり、広い範囲に及び、施工の開始は舒明朝、さらには飛鳥寺造営時にまで遡《さかのぼ》る可能性がある――ということであれば、そして、その単位寸法が黒崎氏のいうように条里《じょうり》の単位と一致する「五分の一里」を基準としていたとすれば、それは大和平野の条里制と深い関係のある地割、少なくとも軌をいつにした方格地割と考えていいのではないだろうか。

　条里制は、古代において一町（一〇六メートル）方格で碁盤目《ごばんめ》状に区画整理された方格地割の大開拓をいう。一町方格は坪《つぼ》と呼ばれ、一反《たん》の田圃《たんぼ》一〇枚に区画されていた。この区画をもとに、人民に一定面積の口分田を分かち与える班田収授法が実施された、とされる。条里制は関東以西の全国の平野で施工され、班田収授法は律令体制の根幹となった。

　大和平野では正しく東西南北に区画された正方位の方格地割が施された。下ツ道の東を路東条里《ろとうじょうり》、西を路西条里《ろせいじょうり》と呼んできた。いまも水田の区割、農道、水路などに継承され、碁盤目状の美しい田園風景を各所に残している。

条里制の痕跡がよく残る大和平野（田原本町付近）

条里の施工は、大がかりな耕地整理事業だった。耕地は大半が水田だったから、導排水の水利事業を同時に進めなければならなかった。当然、大がかりな河川改修事業を伴っただろう。淹漑ばかりでなく、治水事業も兼ねたと考えられる。

改修した河川や新しく掘った水路は運河としても活用することを考えたのではなかろうか。道路整備も同時に進められたはず。条里制の施工は、耕地整理だけでなく、交通網の整備事業でもあったのではないだろうか。

大和平野の条里制がいつ施工されたか、はっきりしているわけではない。研究者の間でも早くみる説と遅くみる説がある。古墳時代の四・五世紀にまで溯るという考え方もあれば、奈良時代に下るという説もある。見解の開きは大きい。ただ、壬申の乱の時点で、上ツ道・中ツ道・下ツ道が機能していたことが明らかなので、七世紀後半にはかなり整備が進んでいたとみるべきだろう。

条里制の施工は、相当大きな権力、経済力による計画立案と労働力投入がなければ実施できなかったことは間違いない。当然、技術力も必要だった。七世紀代の律令制度の整備、中央集権国家体制の整備とのからみで考えた場合、条里制が律令国家体制をもたらしたものか、律令国家が整って本格的な条里制施工が可能になったと考えるべきものなのか、難しいところだ。

一朝一夕で完成するような事業ではなかったことだけは確か。着手は古墳時代かもしれない。が、七世紀前半以降、いわゆる飛鳥時代になって、律令体制の整備とともに本格的に進められたのではなかろうか。「大和平野大改造」が一大国家プロジェクトとして位置付けられたのではなかろうか。施工後は生産力の飛躍的な増大をもたらしたはずである。

大和平野全体が首都

大和平野の条里制は、全国の条里制に先駆けて、全国のモデルとして整備が進められた。飛鳥の都づくりも、藤原の都づくりも、さらに平城の都づくりも、その大和条里を土台にして、その上に条坊の街区を乗せるかたちで形成されたに過ぎないのではないだろうか。政権の中枢（王宮殿）がどこに置かれようと、大和平野全体が倭国《わこく》の首都だったということではないだろうか。

「平城遷都《せんと》一三〇〇年祭」の二〇一〇年、復元された平城宮・大極殿に立って眺めた青垣山に囲まれた大和平野の美しい光景と、えもいえぬ〝安定感〟は、その思いを深くさせた。日本 武 尊《やまとたけるのみこと》が歌い上げたという「倭《やまと》は　国のまほろば

平城宮大極殿から見る。朱雀門の向こうに青垣山に囲まれた大和平野が広がる

たたなづく　青垣　山ごもれる　倭しうるはし…」を実感した。

政権中枢が纒向《まきむく》にあった時も、磐余《いわれ》にあった時も、飛鳥にあった時も、藤原にあった時も、平城にあった時も、大和平野こそ都だった、との思いに結び付いた。

大和条里をいま一度、見直さなければならない。

21　磐余池《いわれのいけ》――大津皇子の悲劇

天武《てんむ》八年（六七九）五月、天皇は吉野宮に皇后（のちの持統天皇）と皇子たちを集めた。草壁《くさかべ》、大津《おおつ》、高市《たけち》、忍壁《おさかべ》（刑部）の各皇子が顔を揃えた。天智《てんじ》天皇の子、川嶋《かわしま》皇子と芝基《しき》皇子の姿もあった。

「きょうここで、お前たちと誓いを立て、千年の後まで争いの起こらないようにしたいと思うが、どうか」

全員うなずき、まず草壁皇子が進み出て言った。

「私ども兄弟、長幼合わせて十余人は、それぞれ母が違います。しかし、みな天皇のおことば通り、互いに助け合い、争うことを欲しません。もし誓いにそむくようなことがあれば命なく、子孫も絶えることでしょう。決して忘れは致しません」

他の皇子たちも次々と同様に誓った。皇后も誓った。天皇は、衣の襟《えり》を開いて六人の皇子たちを抱きかかえた。

〈巻第二十九・天武天皇〉

「吉野の会盟」と呼ぶ。天武にとっては天下奪取の出発点への久しぶりの〝帰還〟だった。相次ぐ政治改革が軌道に乗り、ホッと一息ついたときだった。吉野宮は深い緑に包まれ、吉野川の流れの音が快く耳に響いていたに違いない。しかし、天武の心の中には、一つの不安が広がり始めていた。

　天武には十七人の子があった。皇子だけで十人を数えた。うち、長子で壬申《じんしん》の乱での活躍のめざましかった高市皇子、皇后との間に生まれた草壁皇子、皇后の姉の大田皇女との間に生まれた大津皇子らが、皇位継承の有力候補と目されていた。高市皇子には母親の出自の問題があり、草壁か大津かが、朝廷に潜在する大問題だった。

　「吉野の会盟」の翌年、草壁を皇太子にする一方で、その二年後には大津を朝政に参画させた。ともに政治の中枢に身をおかせる措置だった。果断の英雄、天武には似合わぬ歯切れの悪さ。

　朱鳥元年（六八六）九月九日、天武天皇は亡くなった。天武の不安は、それから一カ月もたたぬうちに現実のものとなった。

　殯宮《もがりのみや》が宮の南庭に設けられた。九月十一日から発哀《はつあい》（声を発して悲しみを表す儀礼）が始まった。二十四日の発哀で、大津皇子が皇太子に謀反を企てた。

　十月二日、大津皇子の謀反が発覚した。ただちに大津は逮捕された。共謀者や舎人ら三十余人も捕らまった。

　翌日、大津は訳語田《おさだ》の家で死を賜った。時に二十四歳。妃の山辺《やまのへ》皇女は、髪をふり乱し、はだしで駆けつけて殉死した。これを見た人々は皆、すすり泣いた。

〈巻第二十九・天武天皇〉

〈巻第三十・持統天皇〉

「訳語田の家」は、敏達《びだつ》天皇の訳語田幸玉《おさだのさきたま》宮跡伝承地がある桜井市戒重付近にあったといわれる。大津皇子の邸宅は、いわゆる磐余の地にあったらしい。

ももづたふ磐余池《いわれのいけ》に鳴く鴨《かも》を
今日のみ見てや雲隠りなむ

『万葉集』に収められた大津皇子の辞世。

磐余池は、橿原市と桜井市が接する橿原市東

磐余池の候補地。人家の連なる小高いところが堤の跡ともいわれる（橿原市東池尻町）

妙法寺（御厨子観音）境内にある大津皇子辞世の万葉歌碑（入江泰吉氏揮毫）

池尻町、桜井市池之内付近が有力候補地。東池尻町の御厨子《みずし》観音では毎年、大津皇子忌を営んでいる。「訳語田の家」はこの磐余池のたもとにあったとの見解もある。

所を失った地名

磐余は、歴史的にも地理的にも三輪と飛鳥の中間に位置する重要地名だ。神功《じんぐん》皇后の若桜宮、履中《りちゅう》天皇の稚桜《わかざくら》宮、清寧《せいねい》天皇の甕栗《みかぐり》宮、継体《けいたい》天皇の玉穂《たまほ》宮、用明《ようめい》天皇の池辺雙槻《いけべのなみつき》宮、敏達天皇の訳語田幸玉宮など、飛鳥時代以前の宮居の多くが磐余の地に営まれた、と伝える。

しかし、磐余はいわば「所を失った地名」。その場所は必ずしもはっきりしているわけではない。磐余の地に営まれたと伝える各宮居は、遺構の確認はおろか、その所在地が確定したものは一つもない。大津皇子の辞世の歌の舞台であり、磐余のポイントである磐余池の所在地もはっきりしない。

一般的には、桜井市南部と橿原市東南部の竜門山塊北側の丘陵地とされる。東は桜井市の鳥見《とみ》山付近から西は香久山に至る範囲との考え方が強い。

私は、磐余の地はもっと広かったのではないか、と秘かに考えている。竜門山塊の多武峰の谷から流れ出る寺川がつくった舌状台地全体、「磐が余れし土地」のことだったのではないかと考えている。

その範囲は、桜井市西部、橿原市北部から磯城郡の田原本町、さらに三宅町、川西町へ及ぶ。初瀬《はせ》川と曽我《そが》川にはさまれた細長い半島のような台地（微高地）で、唐古《からこ》・鍵《かぎ》遺跡（田原本町）、孝霊《こうれい》天皇の黒田廬戸宮《くろだのいおりど》伝承地（田原本町）、太子道（筋違道）、石見《いわみ》遺跡（三宅町）、島の山古墳（川西町）などはみなこの舌状の微高地の上にのる、と考える。

　このように考えると、普通にいわれる磐余の地から遠く離れた橿原市中曽司《なかそうじ》町の曽我川のたもとになぜ磐余神社があるのか、その理由がよく理解できる。地盤がしっかりした、磐が余れし土地＝磐余の地の範囲にあるからなのだ。

　ついでに言うなら、この舌状台地の大部分は古代の十市《とおち》郡となった。十市の「十」は「薹」、くくたちのことで、細長い微高地を堅い花茎に見立てて名付けた地名ではないか、と秘かに思っている。

初代天皇の神武天皇がなぜ「磐余彦《いわれびこ》」とされたかは古代史の謎のひとつだが、磐余＝十市郡は、磯城《しき》とともに大和平野の中枢部、ヤマト王権を育くんだ土地だった。始祖王の名前に「三輪」や「磯城」や「飛鳥」を用いることのできない事情があって、「磐余の男」と呼んだのではなかろうか。

二上山

『懐風藻《かいふうそう》』に大津皇子の漢詩の辞世がある。

金烏《きんう》西舎《せいしゃ》に臨み
鼓声《こせい》短命《たんめい》を催す
泉路《せいろ》賓主《ひんしゅ》なく
この夕家を離れて向ふ

『日本書紀』が「詩賦の興りは大津より始まる」と書くのもうなずける堂々たる詠みっぷりだ。

大津の才能は文筆に限ったことではなかった。書紀は「容姿たくましく、ことば晴れやか。成人後は分別よく学才に秀れ…」と伝える。『懐風藻』も「状貌魁梧《じょうぼうかいご》　器宇峻遠《きうしゅんえん》」。つまり、「身体はたくましく、気品が高い」と賛美する。

どうやら、能力も人望も、ライバル草壁の比ではなかったらしい。草壁にも、その母、持統にも大きな脅威だったのだろう。ここに大津皇子の悲劇を生んだ素地があり、事件は持統の仕組んだ冤罪《えんざい》だったとみる歴史家が多い。

大津には同母姉がいた。伊勢の斎王《さいおう》、大伯《おおく》皇女。『万葉集』は、美しく、悲しい二人の姉弟愛を伝える。

わが背子《せこ》を大和へ遣《や》るとさ夜更《ふ》けて
　暁露《あかときつゆ》にわが立ち濡れし

二人行けど行き過ぎ難き秋山を
　いかにか君が独り越ゆらむ

伊勢の斎宮《さいぐう》を訪ねた大津を見送ったときの歌。恋歌そのものであり、二人の間に姉弟愛を超えた恋愛感情の存在を見る見方もある。大伯は、弟の突然の死を悲しんだ。

うつそみの人にあるわれや明日よりは
　二上山《ふたかみやま》を弟世《いろせ》とわが見む

二上山（橿原市内より見る）

「大津皇子の屍を葛城の二上山に移し葬った時」の歌、との注釈がある。「あすからは二上山を弟と思って眺めよう」。皇女の悲嘆は一三〇〇年の歳月を超えて人々の心を打ち続ける。

二上山は、当麻町と大阪府・太子町の境界にある。雄岳《おだけ》（五四〇メートル）と雌岳《めだけ》（四七四メートル）の二峰から成り、こんもりとまろやかな山容は、東の三輪山とともに大和をめぐる青垣山の中でもきわだって美しい。

トロイデ火山で、二上火山群の主峰だった。山から産するサヌカイトは石器の材料として広く全国的に用いられた。凝灰岩《ぎょうかいがん》は、主に飛鳥時代に墳墓の石棺や寺院の基壇化粧石などに利用された。北麓の香芝町には、二万年ほど前の旧石器時代から始まる石器製作遺跡が広がり、古墳石材の石切場も何カ所か発見されている。研磨材に用いられる金剛砂《こんごうしゃ》を産し、露出した凝灰岩が造る奇勝の屯鶴峯《どんづるぼう》（県天然記念物）もある。

二峰の間に沈む夕日は独特の感慨を呼び、西方浄土信仰と結びついた。西麓の「近つ飛鳥」（大阪府太子町）には聖徳太子や推古《すいこ》天皇らの陵墓が多数造られ、東麓には中将姫《ちゅうじょうひめ》伝説などに彩られ「浄土霊場」として信仰を集める当麻寺《たいま》（葛城市）が建立された。

当麻寺のあたりや竹内峠などから登山道が通じ、多くのハイカーらでにぎわう。雄岳の頂上まで三十分余り。頂上には平たん地があり、葛城二上神社と宮内庁が管理する大津皇子の墓がある。

登山口の一つ、当麻町染野で昭和五十八年（一九八三）、土取り作業中に一基の終末期古墳が発見された。雄岳から東に延びる尾根の南斜面に築かれた一辺七メートルほどの方墳で、凝灰岩の石槨《せっかく》があった。鳥谷口古墳と名付けられた。

「小さな石槨」が特徴的だった。内のりの長さが一・六メートル、幅五〇センチ。長辺部に棺を入れるのに用いたらしい入口があったが、これも幅五〇センチばかり。調査した橿原考古学研究所の河上邦彦氏は、「長さ一メートル弱の棺しか入らないだろう。成人を入れるのは不可能」と考えた。大伯皇女の歌の題詞に「二上山に移し葬る」とあることに注目して、同古墳を大津皇子の改葬墓とみる。

22
嶋《しま》・真弓《まゆみ》・佐田《さだ》―草壁皇子の死

草壁《くさかべ》皇子と大津《おおつ》皇子は、天武《てんむ》天皇亡き後、本人たちの意思とは無関係に、皇位継承のライバルの立場に立たされた。恋のライバルでもあった。『万葉集』は、石川郎女《いしかわのいらつめ》に対する二人の恋の歌を伝える。

大名子を彼方《おくかた》野べに刈るかやの
　束《つか》の間《ま》も吾忘れめや　（草壁皇子）
あしひきの山の雫《しずく》に妹待つと
　吾立ちぬれぬ山の雫に　（大津皇子）

石川郎女の返歌

吾を待つと君がぬれけむあしひきの
　山の雫にならましものを

『万葉集』は大津皇子の勝利を伝える。

わが子のために大津皇子を陥れた（と推測できる）母、持統女帝の期待もむなしく、草壁は、大津が刑死してわずか二年半後の持統称制三年（六八九）四月十三日、あえなく病死した。二十八歳だった。

草壁の死にあたり、舎人《とねり》たちが詠んだという挽歌二三首が『万葉集』に載る。うち一〇首に嶋宮《しまのみや》を詠み込んでいる。

嶋の宮勾《まがり》の池の放ち鳥
　人目を恋いて池に潜《かず》かず

宮から皇子の姿が消えた悲しみを歌い上げたこの歌は、柿本人麻呂の作といわれる。嶋宮に勾池があったことが分かる。

舎人たちも、「東《ひむがし》の滝の御門《みかど》に待《さまら》へど 昨日も今日も召すこともなし」「み立たしの嶋の荒磯を今見れば 生ひざりし草生ひにけるかも」などと、主のいなくなった宮のわびしさを詠んだ。

嶋宮

草壁皇子は、嶋宮を東宮（皇太子の住まい）としていたらしい。その嶋宮は、大化のクーデター（六四五年）に先立って中大兄皇子《なかのおおえ》が、かつて嶋大臣《しまのおおおみ》（蘇我馬子《そがのうまこ》）が住んでいた邸宅に接して宮殿を造ったのが始まり、と伝える。

『日本書紀』によると、馬子は飛鳥川のほとりに家を造って住んだが、その家の庭に池があり池の中に小島を築いていたので、人々は馬子のことを嶋大臣と呼んだ、と伝える。

嶋宮は、飛鳥朝廷の重要な宮殿として使用され続けたらしい。大海人皇子《おおしあま》も、壬申の乱（六七二年）で近江京から吉野へ逃れるとき、ひとまず嶋宮に立ち寄り、勝利して飛鳥に凱旋したときもまず嶋宮に入った。

所在地は、はっきり確認されているわけではないが、明日香村島庄《しまのしょう》の石舞台古墳の西側に広がる島庄遺跡とみられている。

昭和四十七年（一九七二）、橿原考古学研究所の発掘調査で、石舞台古墳の西北約二〇〇メートルの場所から一辺四二メートルの方形池が発見された。周囲に幅一〇メートルもある石積みの堤をめぐらせた豪壮な池だった。池底にも石を張り、深さ約二メートル。七世紀初頭に造られ、少なくとも七世紀いっぱい機能していたことが確認された。

馬子の嶋邸の池ではないかと注目された。『万葉集』の草壁皇子の挽歌にみえる「勾《まがり》の池」の可能性もいわれた。

昭和六十二年（一九八七）、その方形池の東隣から、石組みの人工流水施設が発見された。幅約五メートル、花崗岩《かこうがん》の自然石を複雑に組み合わせ、流れる水がほとばしる滝や、ゆったり流れる淵などを巧みに造っていた。二五メートル分発掘されたが、渓流が大河に変わるような風情だった。流れを眺めるためのものだったらしい建物遺構もあり、庭園施設だったことは明らか。「日本庭園のルーツ」「神仙境・宮滝（吉野町）を模した道教庭園か」などと話題になった。

「滝」があり、流れる水が岩をかむ「荒磯」があり、挽歌の情景をほうふつさせるものでもあった。

島庄遺跡から検出された流水施設（1987年、橿原考古学研究所提供）

もっとも、検出された流水施設そのものは七世紀前半の遺構で、草壁の時代とは数十年の開きがあった。調査を担当した橿原考古学研究所の亀田博氏は、「同じような施設が何度も造り変えられたのではないか」と推測した。

ともかく、付近が嶋宮所在地だった可能性をさらに高めた。明日香村が実施する継続調査でも、七世紀代を通じて建物群が次々と造られていたことが分かってきている。（「9 甘《あま》檮岡《かしのおか》」編参照）

ただ、「勾の池」は素直に解釈すると曲がりくねった池であり、検出されている方形池は矛盾する。

マルコ山古墳・東明神古墳

草壁皇子は、「真弓の岡」と「佐田の岡」で殯《もがり》され、埋葬されたらしい。

橘《たちばな》の嶋の宮には飽かぬかも
　佐田の岡辺に待宿《とのゐ》しに行く

朝日照る佐田の岡辺に群れ居つつ
　わが泣く涙やむ時もなし

よそに見し真弓の岡も君ませば
　常《とこ》つ御門《みかど》と待宿《とのゐ》するかも

鳥塒《とぐら》立て飼ひし雁《かり》の子巣立ちなば
　真弓の岡に飛び帰り来ぬ

舎人たちは思いもよらなかった殯宮《もがりみや》にはべることになった悲しみを、墳墓の前に立つ無念を歌い上げた。皇子が生前に寵愛していたらしい雁《かり》の子に、「巣立ったら飛び移っておいで」などと歌っている。

「真弓の岡」、「佐田の岡」は、明日香村西南部から高取町にかけての丘陵地といわれる。明日香村に真弓、高取町に佐田の大字名を残す。

その丘陵地の一角に、宮内庁が管理する草

マルコ山古墳の石槨内部
（橿原考古学研究所提供）

壁皇子の墓がある。高取町森に位置するが、佐田の集落にほど近い。草壁は天平宝字二年（七五八）になって岡宮《おかみや》天皇と追尊されたことから、岡宮天皇真弓丘陵と呼ばれる。しかし、墳墓であること自体を疑う研究者が多く、真弓や佐田付近で七世紀後半の終末期古墳が発掘されるたびに、被葬者・草壁論がにぎやかに展開されてきた。

昭和五十三年（一九七八）、高松塚に次ぐ壁画発見への期待で大騒ぎして発掘調査が進められたマルコ山古墳（明日香村真弓）もそのひとつ。草壁皇子墓が確定したような報道まであった。

同古墳には壁画は描かれていなかった。しかし、凝灰岩の整美な石槨は、内側全面に漆喰《しっくい》を塗り、壁画の有無を除外すれば高松塚そっくりだった。木心夾紵棺《もくしんきょうちょかん》ともいうべき、布と漆《うるし》をぶ厚く塗り重ねた上等の木棺片も出土した。超一級の終末期古墳といえる。皇族級を葬ったことは、まず疑えないところ。ただ、出土人骨の鑑定結果は「三十歳代の男性」。二十八歳死亡の草壁とみるのはやや苦しかった。

高取町佐田の丘陵中腹で発掘された束明《つかみょう》

㊤束明神古墳の石槨（1984年、橿原考古学研究所提供）㊦佐田の春日神社。右側の土まんじゅうが束明神古墳

神《じん》古墳が、いま草壁皇子墓の最有力候補となっている。

まさしく佐田の丘陵に立地。岡宮天皇陵とは目と鼻の先の所にある。地元では、古くからこの束明神古墳を草壁墓と言い伝えていた、という。ところが、古墳は春日神社の境内にある。幕末の陵墓治定調査のとき、「氏神さんが立ち退かなければならないことになると大変」と、調査に来た役人にウソの報告をして今の岡宮天皇陵が決まった、と伝える。

橿原考古学研究所時代の河上邦彦氏が、マルコ山騒動の最中にこうした伝承を聞きつけ、目をつけていた。昭和五十九年（一九八四）春に発掘調査。レンガのような凝灰岩の切り石を積み上げた石室が現れた。個性的で立派な造りの終末期古墳。韓国・扶余《ぷよ》にある陵山里《りょうざんり》古墳など、百済の古墳とよく似ている。数少ない遺物の中に歯の破片六個があった。鑑定結果は三十歳前後。ワッと草壁墓説がわき上がった。ドッと見学者が詰め掛けた。

『続日本紀』の天平神護元年（七六五）条に、称徳《しょうとく》女帝が紀州へ行幸の途中、草壁皇子を葬る「檀山陵《まゆみ》」に差しかかったとき、全員が馬を下り、旗を巻いた、との記事がある。女帝の父は聖武《しょうむ》天皇、その父が文武《もんむ》天皇、そしてその父が草壁皇子。女帝にとっては曽祖父の墓への敬意だった。

束明神古墳のすぐ東側に、明日香村から高取町へ越える道がある。紀州へ通じる紀路《きじ》だった、ともいわれる。

高松塚古墳・キトラ古墳

「聖なるライン」がいっとき、随分注目された。藤原京・朱雀大路《すざくおおじ》をまっすぐ南に延長した線上に、皇族級の陵墓と考えられる終末期古墳が点々と並ぶというのである。特異な家型石棺で知られる菖蒲池《しょうぶいけ》古墳（橿原市五条野町）、天武・持統天皇を合葬する桧隈大内陵《ひのくまのおおうち》（明日香村野口）、本当の文武天皇陵といわれる八角形の中尾山古墳（同村平田）、極彩色壁画の高松塚古墳（同）、そして第二の壁画古墳のキトラ古墳（同村阿部山）―。

これに対して、猪熊兼勝氏は、桧隈地域を中心とする明日香村南部地域を王陵の集中する墳墓ゾーンとみなした。河上邦彦氏は、桧隈地方とその西方の真弓の岡、佐田の岡、さらに斉明《さいめい》天皇陵といわれる牽牛子塚《けんごしづか》古墳や岩屋山古墳のある越智《おち》丘陵を含めた明日香村西南部に、中国の制度を模倣した天武系皇族の墳墓群「陵園」が形成されていた、と考えた。

宮殿跡、寺院跡、石造物などとともに飛鳥古代史のロマンをいまに伝える飛鳥の古墳たち。発掘調査のたびに、異常なまでの興奮に包まれてきた。

高松塚古墳は、直径二〇メートルの円墳。昭和四十七年（一九七二）、極彩色壁画が発見され、古代史ブーム、飛鳥ブームに火を付けた。

凝灰岩の横口式石槨（内のりで長さ二・六五メートル、幅一・〇三メートル、高さ一・一三メートル）内に描かれた壁画は、日月図《にちげつ》（東壁に日像、西壁に月像）、四神図《ししん》（東壁に青龍《せいりゅう》、西壁に白虎《びゃっこ》、北壁に玄《げん》

高松塚古墳の壁画「西壁の女子群像」
(明日香村教育委員会提供)

武《ぶ》、南壁の朱雀《すざく》は欠)、星辰図《せいしん》(天井に北極五星と四輔四星を囲む二十八宿)、それに朝賀の儀式か葬送儀礼への参列の姿を描いたらしい男女の群像。芸術性に富むばかりでなく、思想、風俗を知る上でもきわめて重要。

石槨内からは、海獣葡萄《かいじゅうぶどう》鏡、金箔張り木棺片、六花形棺飾金具、銀荘太刀金具などが出土。出土人骨の鑑定結果は熟年男性。築造年代は八世紀初頭、被葬者は忍壁皇子ら天武の皇子クラスが有力視される。古墳は特別史跡、壁画は国宝、出土遺物は重文に指定された。

しかしいま、その高松塚は、変色が進んだ壁画の保存のため、石槨がごっそり抜き出され、空っぽになっている。

四神、天文図、日月像、十二支像(子、丑、寅、午、戌、亥の六体)が描かれていた、キトラ古墳の壁画も、保存のためにはぎ取りが進む。思いはただ複雑である。

23 大内陵《おおうちのみささぎ》・薬師寺《やくしじ》—持統女帝

天武《てんむ》天皇の殯《もがり》は二年三カ月に及んだ。大内《おおうち》陵に葬ったのは持統《じとう》称制二年（六八八）十一月のことだった。

殯の最中に大津《おおつ》皇子事件が起き、埋葬を終えて半年も経たないうちに草壁《くさかべ》皇子が亡くなった。皇位継承有力候補者の相次ぐ死。天武の皇子はなお八人を数えたが、持統は「子孫相承」を望んだ。草壁の遺児、軽《かる》皇子（のちの文武《もんむ》天皇）への継承である。軽皇子の母は天智《てんじ》の娘、阿閇《あへ》皇女（のちの元明《げんめい》天皇）だった。〝血筋〟に申し分なく、諸皇子らも納得したらしい。

しかし、軽皇子はこのときわずか七歳。そこで持統は、推古《すいこ》、皇極《こうぎょく》（斉明）に次ぐ三人目の女帝として即位する。皇子の成長を待つためだった。即位式は持統四年（六九〇）一月一日に挙行された。

天武政治の継承

持統天皇には、天武政治の継承、仕上げが最大の課題であり、任務だった。

正式即位半年前の三年六月、まず浄御原令《きよみはらりょう》を施行する。存在が確実な最初の律令法典。天武十年（六八一）から編さんを始めていたもので、天武政治の明文化、法制化の実現だった。ここに、天武が目指した天皇中心、中央集権の法治体制が確立する。

続いて、官人の成績審査法や朝服に関す

る規定など、令に基づく新しい制度を次々と設けた。四年七月には新官制。天武朝にはなかった太政《だじょう》大臣や左右大臣が置かれるようになり、太政大臣には高市《たけち》皇子が就任した。右大臣には丹治比嶋《たじひのしま》。諸臣が再び政治の中枢に参画する途が開かれたともいえるが、既に、かつてのような私地私有民を擁する豪族ではなかった。あくまで、国家から食封《じきふ》を支給されるサラリーマン官僚としての政治参画だった。

四年閏《うるう》八月には、新しい戸籍作りが始まった。「庚寅年籍《こういんねんじゃく》」である。

租税徴収の基本台帳ともなり、人民支配の根幹となった律令制下の戸籍としては、天智九年（六七〇）に「庚午年籍《こうごねんじゃく》」が作られたと伝え、天武朝にもあったらしい。しかし、公地公民制の後ろ盾となる戸籍として確立したのはこれが最初だった。

早川庄八氏によると、従来は豪族支配の単位であり基礎となっていた自然村落をそのまま末端行政区画としていたのに対し、「庚寅年籍」では、家族の分割、統合も辞さない編《へん》戸《こ》などを通じて五十戸を単位とする「里」を作った。それは、強制的、人為的であったため、かつてどのような豪族の部民であり私有民であったかは意味を持たなくなった、と解釈する。（『日本の歴史―律令国家』小学館）

いわば、中央政府の意思や支配力を末端の人民個々人にまで浸透させる内容を持つものといえた。これをもって、大化改新（六四五年）以来最大の行政目標とし、試行錯誤を繰り返してきた中央集権化、公地公民化の実現とみる研究者が多い。

『日本書紀』は、皇后時代の持統を「終始、天皇（天武）を補佐して天下を保った。天皇のそばにあって政務に話が及ぶごとに助け補った」と書く。政治手腕も相当なものを持ち合わせていたようだ。書紀は「深沈《しんちん》にして大度《たいど》あり」と評する。

女帝は、藤原遷都（六四九年）を実現する。詳しくは次編に譲るが、中国の王都にならったわが国最初の本格都城は、律令国家体制の確立を眼前に示すものだった。これも、夫の遺志の実現。持統女帝は、天武政治を継承、完成することに生涯をかけた。

持統の父は天智。母は、蘇我石川麻呂《そがのいしかわまろ》の娘、遠智娘《おちのいらつめ》。叔父にあたる天武（大海人皇子）の妃となったのは十三歳のときだった。壬申の乱では終始、天武と行動をともにし、勝利後、天武の即位とともに皇后になった。

十一年（六九七）の八月、当初の計画通り軽皇子に譲位し、歴代初の太上天皇となる。亡くなったのは大宝二年（七〇二）十二月二十二日。五十七歳。夫・天武の桧隈大内陵《ひのくまのおおうち》に合葬された。

阿不幾乃山陵記

明日香村野口の丘陵上にある桧隈大内陵（天武・持統陵）は、いまは直径四〇メートル程、高さ九メートル程の円墳のように見えるが、本来は五段築成の八角形墳だったらしい。鎌倉時代の文暦二年（一二三五）に盗掘されたときの実見録『阿不幾乃山陵記《あふきのさんりょうき》』によって内部のようすが知られる。

それによると、南側に石橋、石門があり、馬脳《めのう》（大理石か）の切り石で石室をつくる。石室は内陣と外陣の二室から成り、両室の間に観音開きの金銅製扉がある。扉には蓮華返《れんげかえり》花《ばな》の装飾があり、金製金具を取り付ける。内陣には全面に朱を塗り、夾紵棺《きょうちょかん》らしい布張りの棺と骨蔵器を納める。棺と骨蔵器は、格狭《こうざ》間《ま》のある金銅製の台に置く。棺内には遺骨と紅色の衣の断片のほか、銀製兵庫鎖と種々の玉で飾った水晶の石帯、鼓のような形をした金珠玉で飾る枕などがあった。琥珀《こはく》の念珠《ねんじゅ》もあった。

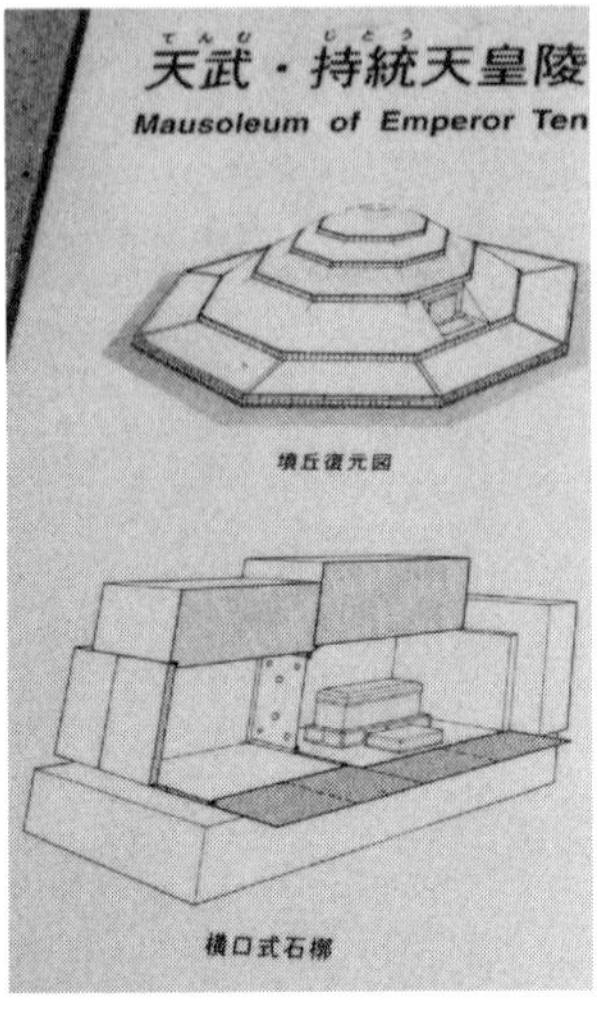

㊤天武・持統天皇の桧隈大内陵 ㊦八角形墳であることと内部のようすを図示する案内板

信ぴょう性の高い調査記録といわれ、夾紵棺内の遺骨は天武天皇、骨蔵器は火葬された持統天皇のものと推定されている。

その造りの豪華さは、不世出の英雄とその妻を葬るのにふさわしい。夫にしたがい続け、夫の遺志を継承した女傑は、いまも、夫とともに眠り続けるのである。

本薬師寺跡

持統女帝が天武の遺志を実現したもう一つの事業に、薬師寺の造営があった。

『日本書紀』によると、薬師寺は、天武天皇がその九年（六八〇）十一月、皇后の病気平癒を祈って発願した。次いで書紀に薬師寺のことが登場するのは七年後の持統二年（六八八）、天武を弔う「無遮大会《むしゃだいいえ》を設く」とある。さらに、持統十一年（六九七）七月に、「仏の開眼法会《かいげんほうえ》を設く」とある。

正史は『続日本紀』に移って翌文武二年（六九八）条に「構作はほぼ終わるを以って、衆僧を住せしむ」とあり、持統朝に工事が進み、在位中にほぼ完成したことが分かる。天武の発願から一八年が過ぎていた。

書紀は、開眼法会の記事に次いですぐ文武天皇への譲位を記し、持統天皇は薬師寺造営を在位中の「最後の仕事」と意識していたようにも感じさせる。

現薬師寺（奈良市西ノ京町）の東塔の擦銘《さつめい》にも「太上天皇、前緒《ぜんしょ》に遵《したが》ひ奉《たてまつ》りて」「先皇の弘誓《ぐぜい》を照らし」などとある。遺志の継承と同時に、夫の冥福《めいふく》を祈り、偉業を顕彰しようとする女心も垣間見せる。

持統の薬師寺は、藤原京の右京八条三坊、現在の橿原市城殿《きどの》町にあった。金堂と東西両塔の基壇、礎石などを残し、本《もと》薬師寺跡と呼ばれる。国の特別史跡になっている。周囲の土が洗われて、畝傍《うねび》山を背景に巨大な礎石が林立する金堂跡の光景は有名だ。

天武九年の発願以来、どのように造営が進められたのか、詳しい経緯は分かっていな

本薬師寺跡。㊤は金堂跡の礎石群、㊦は東塔跡（後方は畝傍山）

い。天武の病気回復を祈るために法要が営まれた寺としては登場せず、天武末年にはまだ

薬師寺（奈良市西の京町）

寺観を整えるまで至っていなかったらしい。しかし、中軸線が坊のちょうど真ん中を通るなど、伽藍《がらん》は藤原京の条坊の上にきっちり乗る。藤原京の造営と平行して工事が進められたことがうかがえる。

奈良・西ノ京の薬師寺は、平城遷都《せんと》（七一〇年）に伴って養老二年（七一八）に、二塔一金堂のいわゆる薬師寺式伽藍配置はもちろん、規模もそっくりそのまま藤原京から移された。

ブロンズ像の最高傑作といえる薬師三尊像（国宝）、〝凍れる音楽〟の異名がある東塔（国宝）など、西ノ京・薬師寺の名宝は、白鳳《はくほう》文化、白鳳美術の粋とされる。これらの建造物や仏像も藤原京の薬師寺から運ばれてきたものか

どうか、古くから論争されてきた。移建か新建か、移座か新鋳か―。薬師寺は白鳳か天平《てんぴょう》か、という美術・建築史の大問題として法隆寺の再建・非再建論争とともに続いた「百年論争」だが、未だ決着していない。

『薬師寺縁起』や『中右記《ちゅうゆうき》』などで本薬師寺跡には平安中期ごろまで建物が存続したことが知られる。しかし、二つの薬師寺は、伽藍配置ばかりでなく各建物の大きさや建物間の距離なども一致し、西ノ京の薬師寺境内からは、藤原京の薬師寺から運んだことが確実な瓦も出土する。

南北にまっすぐ延びている寺川の流れ。下ツ道運河の名残かもしれない

「19　軽市」編で書いたように、下ツ道には平行して運河が掘られていたらしいことが明らかになりつつある。平城遷都では、この運河の水運を利用して藤原京の物資をごっそり運んだふしがある。薬師寺も、主要伽藍や仏像がそっくり移された可能性は大いにある。

天武・持統の産み出した白鳳文化が、平城の都で花開いた天平文化の土台となったことだけは確かだ。

24　藤原宮《ふじわらのみや》—春過ぎて…

持統《じとう》天皇八年（六九四）十二月六日、藤原宮に遷《うつ》った。九日、百官が拝朝した。十日、親王以下郡司に至るまでに絁《あしぎぬ》、綿、布を賜った。十二日、祝宴を開いた。

〈巻第三十・持統天皇〉


藤原宮は、和銅三年（七一〇）の平城遷都まで、持統、文武《もんむ》、元明《げんめい》の三代一六年間の宮都となる。

東西九二五メートル、南北九〇七メートル。平城宮よりそれぞれ一〇〇メートル程短いが、かつてない規模の王宮殿だった。皇居に相当する内裏《だいり》、国会議事堂にあたる大極《だいごく》殿《でん》、朝堂院、各省庁の建物にあたる官衙《かんが》などが整然と建ち並んでいた。藤原宮・藤原京は、律令国家体制の確立を国の内外に誇示する国都だった。


藤原京は、天武天皇によって計画され、生前には実現しなかったものの、天武朝末年にはいわゆる新益京《あらましのみやこ》として整然とした街区を整えつつあったと考えられることは、既に書いた。

『日本書紀』によると、新しい都が計画されたのは天武五年（六七六）頃らしい。天武にとって、飛鳥の浄御原《きよみはら》宮は仮宮殿に過ぎなかった。整いゆく律令国家にふさわしい都を望んだのだろう。山に囲まれた飛鳥の地は狭すぎた。官僚制の整備、役人の増加で、役人たちの執務の場である役所と生活の場である邸宅を大幅に増やす必要にも迫られていた。

新都造営計画は、天武天皇の健康悪化と死去、大津皇子事件、草壁《くさかべ》皇子の死去などで頓挫、新都造営計画が再び動き出したのは持統四年（六九〇）になってからだった。十月に天皇と太政大臣高市《たけち》皇子が「藤原宮地」を視察。翌五年十月に「新益京」地鎮祭。直後に宅地の班給。六年一月には天皇が「京路」を視察。五月には宮地の地鎮祭を営み、伊勢、大倭、住吉、紀伊の四大神に新宮造営着手を報告している。七年二月には、造営で破壊した墳墓の遺骨を収集した。

こうした記録から、持統天皇によって進められた藤原京・藤原宮の造営は、二年余りでほぼその体裁を整えたことがうかがえる。なお、『日本書紀』には「藤原京」はみえず、「新益京」と表記していることは既に書いた通りだ。

藤原宮の探求

一六年で廃都となった藤原京・藤原宮は、土に埋もれた。いまでこそ耳成《みみなし》、畝傍《うねび》、香久《かぐ》の大和三山《やまとさんざん》に囲まれた地に営まれていたことを疑う人はいないが、その場所さえ分からなくなっていた。

江戸中期、賀茂真淵が著書『万葉考』の中で橿原市高殿町にあった「大宮土壇」に藤原宮を推定したのが、探究の第一歩。のちに大極殿跡と判明する地で、正しい考証だった。当時、一般的には明日香村小原付近がいわれていたらしい。続いて本居宣長も『古事記伝』で、「香久山の西の方、耳成山の南の方なり」と正しい推定をする。

二人の国学者の推定根拠は「藤原宮御井の歌」と題する万葉歌だった。「やすみしし わが大王 高照らす 日の皇子…」で始まるこの長歌は、宮の東西に香久山と畝傍山があり、背後に耳成山があることをはっきり詠み込んでいた。

さらに突っ込んだ考証が始まったのは明治以降。歴史学者の喜田貞吉は、橿原市醍醐《だいご》町の集落西はずれにあった「長谷田土壇」を宮の跡と考えた。考証は京域や条坊の復元にまで及び、古道の横大路（初瀬街道）と中ツ道を京極《きょうごく》として利用した南北一二条、東西八坊の都城だった、と推定した。一方、田村吉永は、条里制研究に基づいて、高殿町の「大宮土壇」を宮とする独自の京域復元を試みた。

位置を決定づけたのは、やはり発掘調査だった。その端緒となったのが、昭和九年十二月から開始された「日本古文化研究所」の調査。国史学界の重鎮だった黒板勝美が三菱財閥などの援助を受けて進めたもので、田村吉永や新進の建築学者、足立康らが参加した。

調査は昭和十八年まで足かけ一〇年に及び、まず、「大宮土壇」西方から礎石の根石多数を掘り出して西殿跡を確認、続いて「大宮土壇」が間違いなく大規模な建物が建っていた建物基壇であることを突き止めた。さらにその南方で一二棟の礎石建物が東西対称に並ぶ朝堂院跡を検出、ここに「大宮土壇」が大極殿の跡であり、付近が藤原宮の中心部だったことが確定した。

藤原宮大極殿址北辺部調査。国道バイパスが計画され、奈良県によって行われた（橿原考古学研究所提供）

続々と発掘成果

戦後、昭和四十一年（一九六六）になって奈良県教育委員会によって調査が再開された。国道165号のバイパスが、大極殿北側を斜めに横切るルートで計画されたためだった。

　初年度はバイパスの計画ルートを調査し、宮の北を限る北面大垣の遺構を検出する成果を上げた。四十四年まで続けられ、北面大垣が南に折れ曲がる宮の東北コーナーを確認、西側の大垣も掘り出し、九二五メートルの宮の東西距離が確定した。

　また、「大君」「大贄」「大宝二年」「和銅元年」「膳職」「弾正台」など藤原宮の時代に合致し、中央政権がこの地に存在したことを示す木簡が続々と出土。藤原不比等《ふじわらのふひと》の妻、橘三千代《たちばなのみちよ》のことらしい「三千代給煮□」の木簡なども出て注目を集めた。「郡評論争」に決着をつけた木簡もあった。

　こうした中で、バイパス建設に反対する世論が高まり、国会でも取り上げられて結局、大幅なルート変更が決定された。バイパスは宮域を避け、昭和六十三年に開通する。


　四年間の奈良県の調査成果は、四十四年三月刊行の報告書『藤原宮』（奈良県教育委員会）にまとめられた。調査委員だった岸俊男氏は、同書で京域・条坊復元を示した。

　それによると、藤原京は横大路、中ツ道、下ツ道、山田道に囲まれた範囲内にあった。東西二・一キロ、南北三・一キロ、東西を八坊に、南北を一二条に区切っていた。宮はその中央北寄りの一六坊分を占めた。復元図は広く認められ、定説化した。しかしその後、条坊の延長としか考えられない道路遺構が岸説の京の範囲外から次々と見つかり、大和三山の外側にも街区が広がる「大藤原京」があったことはいまや揺るがぬ状況になっている。


　奈良（国立）文化財研究所に引き継がれ、ほぼ半世紀にわたる発掘調査で、宮と京の往時の姿がさらに明らかになってきている。

　宮の周囲は、瓦を葺いた大垣、幅五～一〇メートルの外濠、幅二メートル前後の内濠で三重に囲む。四方に三つずつ、一二の宮城門が開いていた。大垣の外側には幅二〇メートル以上の空閑地が取り巻いていた。この空閑地は、儀式の際に騎兵が整列したり、民衆が参集する場所として用いられた、との解釈がある。宮と京の設計基準尺の違いによるとの見方もあることは「20　新益京」編で紹介した。

藤原宮（橿原市藤原京資料館）

宮の中には、天皇が住む内裏、儀式の場である大極殿院・朝堂院、役人たちが執務した官衙が整然と配置されていた。浄御原宮など飛鳥時代の宮殿に比べると、私的空間である内裏と公的空間である大極殿院などとの分離が明確になった。

木下正史氏の『飛鳥・藤原の都を掘る』（吉川弘文館）などによると、大極殿は、平城宮の第一次大極殿と同じ規模（というより藤原宮から移転されたらしい）、同第二次大極殿や平安宮大極殿よりもひと回り大きかった。

左右対称に一二堂を配した朝堂院も他の宮殿より大きかった。朝堂は床張り、平城宮以降は土間床に変わることが知られ、藤原京時代から奈良時代にかけて礼法に変化があったことをうかがわせる。

大極殿院と朝堂院の東西に、役人たちが執務する官衙街が設けられていた。長大な建物をゆったりと配置しているのが特徴。大宝令施行による政務と役人数の増加で手狭になったためと考えられる改作も見受けられる。

藤原宮は瓦《かわら》を葺《ふ》いた初めての宮殿だった。ただ、瓦葺き建物は大極殿、朝堂院、宮城門と大垣だけ。他は板葺きか草葺きの伝統的な掘立柱建物。すべて瓦葺きだった平城宮と、この点でも違い、過渡期の様相をみせる。

㊤藤原宮内の大溝（運河）。資材運搬用に掘られたらしい㊦藤原宮出土瓦

160次調査出土瓦

役民の歌

大極殿北方から、幅六―九メートル、深さ二メートル以上ある大溝が発掘された。大極殿の下層にもぐり込み、南方の朝堂院下層へ続いていた。大溝は、天武末年ごろに掘られ、大極殿などの建設時に埋められたことが明らかになった。宮建設の資材を運ぶための運河だったと考えられている。個々の建物現場まで分水路を掘っていたことも明らかになりつつある。

『万葉集』にある「藤原宮の役民の作る歌」には、淡海の国の田上山（滋賀県伊香郡）で切り出した材木を、筏《いかだ》に組んで氏河《うじがわ》（宇治川）を下し、泉の河（木津川）をさかのぼらせ、木津から奈良山越えで運んだことが詠み込まれている。大和盆地に入ってからは、佐保川や寺川など大和川の水運を用いて藤原の地に運び込んだらしい。

古代の水運は、我々の想像をはるかに越えて盛んだった可能性がある。少し飛躍するが、考えてみると、畿内は、淀川、木津川、大和川などの水運で結ばれていた。瀬戸内海で西国や九州、半島、大陸と結ばれ、琵琶湖や伊勢湾で北陸や東国と結ばれていた。

春過ぎて夏来たるらし白たへの
　衣乾したり天の香久山

藤原京で詠んだらしい持統女帝の万葉歌。堂々とした気風にあふれる。整然と、また広々とした国都のさまが目に浮かぶ。

藤原宮―春過ぎて…

藤原宮跡から見る香久山

草枕旅の宿りに誰が夫《つま》か
　国忘れたる家待たまくに

こちらの万葉歌は、柿本人麻呂の「香久山の屍をみて悲慟《かなしび》て作る歌」。藤原の都の造営に駆り出されて亡くなり、そのまま放置された人夫のことを詠んだ歌とされる。華やかな国都建設の影に、多くの労働力の地方からの徴発や苛酷な使役があったことも忘れてはならない。

軽皇子へ譲位

持統女帝の藤原宮での在位期間は二年八カ月だった。持統十一年（六九七）八月一日、孫の軽《かる》皇子（文武《もんむ》天皇）に譲位。八世紀を目前に、『日本書紀』は全三十巻の記述を終える。

〈おもな参考資料・文献〉

坂本太郎、家永三郎、井上光貞、大野晋校注『日本古典文学大系　日本書紀・下』岩波書店（１９７５年）
黒板勝美編輯『新訂増補国史大系　日本書紀後篇』吉川弘文館（１９７１年）
井上光貞監訳『日本書紀・下』中央公論社（１９８７年）
奈良県立橿原考古学研究所付属博物館『特別展示図録第70冊　宮都飛鳥』（２００８年）
大津市歴史博物館編『古代の宮都　よみがえる大津京』（１９９８年）
池田末則・横田健一監修『奈良県の地名―日本歴史地名大系30』平凡社（１９８１年）
井上光貞『日本の歴史―飛鳥の朝廷』小学館（１９７４年）
木下正史『飛鳥・藤原の都を掘る』吉川弘文館（１９９３年）
黒崎直『飛鳥の宮と寺』山川出版社（２００７年）
林部均『飛鳥の宮と藤原京―よみがえる古代王宮』吉川弘文館（２００８年）
門脇禎二『飛鳥―その古代史と風土』ＮＨＫブックス（１９７０年）
門脇禎二『飛鳥と亀形石』学生社（２００２年）
河上邦彦『大和の終末期古墳』橿原考古学研究所付属博物館選書（２００４年）
黛弘道「推古女帝と蘇我氏」（飛鳥保存財団『季刊明日香風』６号所収（１９８３年）

西川寿勝、相原嘉之、西光慎治『蘇我三代と二つの飛鳥—近つ飛鳥と遠つ飛鳥』新泉社（2009年）
和田萃「二つの亀石」（『東アジアの古代文化105号』大和書房所収）（2000年）
千田稔「飛鳥の亀形石造物を考える」（『東アジアの古代文化105号』大和書房所収）（2000年）
工藤雅樹『古代蝦夷』吉川弘文館（2001年）
鈴木拓也『戦争の日本史3　蝦夷と東北戦争』吉川弘文館（2008年）
森公章『戦争の日本史Ⅰ　東アジアの動乱と倭国』吉川弘文館（2009年）
鬼頭清明『白村江—東アジアの動乱と日本』教育社歴史新書（1985年）
中村修也『白村江の真実　新羅王・金春秋の策略』吉川弘文館（2010年）
山根徳太郎著、中尾芳治解説『難波の宮』学生社（2002年）
直木孝次郎編『古代を考える　難波』吉川弘文館（1992年）
塚口義信『ヤマト王権の謎をとく』学生社（1999年）
犬養孝『万葉の旅（上）大和』現代教養文庫（1977年）
和田嘉寿男『大和の万葉』桜楓社（1972年）
金子裕之編『神仙世界への憧憬　古代庭園の思想』角川選書（2002年）
落合重信『条里制』吉川弘文館（1972年）
宮本誠『奈良盆地の水土史』農文協（1994年）

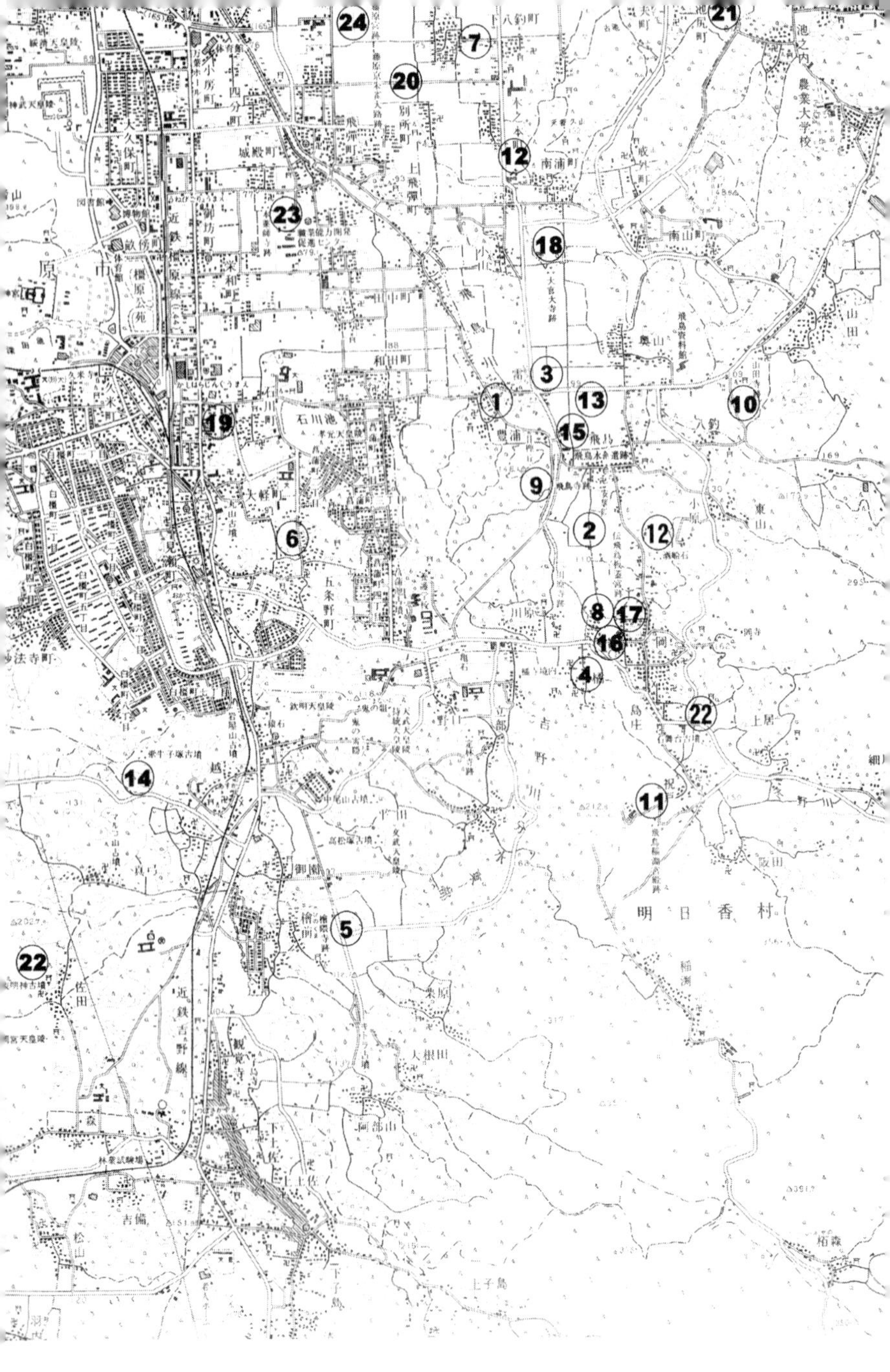

「日本書紀の飛鳥」の舞台（マル数字は各編の主たる舞台を示す）

【著者】

鸖井　忠義（つるい・ただよし）

1949年生まれ。奈良新聞文化記者、取締役編集局長などを経て、現在、青垣出版代表取締役、「奈良の古代文化」編集長、倭の国書房代表。奈良の古代文化研究会主宰。著書に『探訪 日本書紀の大和』（雄山閣出版）、『奈良を知る　日本書紀の山《やま》辺道《のへのみち》』（青垣出版）

奈良を知る　日本書紀の飛鳥

2011年5月 9日　初版印刷
2011年5月16日　初版発行

著者　鸖井忠義

発行所　有限会社　青垣出版
〒636-0246 奈良県磯城郡田原本町千代３８７の6
電話 0744-34-3838　Fax 0744-33-3501
e-mail　wanokuni@nifty.com
http: //book.geocities.jp/wanokuni_aogaki/index.html

発売元　株式会社　星雲社
〒112-0012 東京都文京区大塚３－２１－１０
電話 03-3947-1021 Fax 03-3947-1617

印刷所　互恵印刷株式会社

printed in Japan　ISBN978-4-434-15561-1

奈良を知る

日本書紀の山辺道《やまのへのみち》

978-4-434-13771-6

磯城、三輪、纒向、布留…。山の辺の道沿いは、神話や伝説を含めた『日本書紀』の舞台。一方で、ヤマト王権と関係深い古墳や遺跡や神話が集中する。山の辺の道沿いの「神話と考古学」を紹介、「日本古代史の原点」を探訪する。

四六判１６８ページ　１２００円＋税

靍井忠義著

奈良の古代文化①

纒向遺跡と桜井茶臼山古墳

978-4-434-15034-0

新しい発掘成果が相次ぎ大きな注目を集めた纒向遺跡と桜井茶臼山古墳（いずれも奈良県桜井市）を多角的に紹介、解説。発掘調査が１６８次に及ぶ纒向遺跡と６０年ぶりに主体部が再調査された桜井茶臼山古墳の謎とロマンに迫る。

Ａ５判変形１６８ページ１２００円＋税

奈良の古代文化研究会編

巨大古墳と古代王統譜

4-434-06960-8

全長２００ｍ超の巨大古墳の被葬者が文献に登場していないはずがない。全国約50基の巨大前方後円(方)墳の被葬者を論理的に推定、秘められた古代王権と王統譜の姿を浮かび上がらせた。

四六判３１２ページ　１９００円＋税

宝賀寿男著

「神武東征」の原像

4-434-08535-2

神武東征伝承は果たしてまったくの虚構か。合理的・論理的な解釈の途をさぐり、整合的な古代史の再構成を試みる。著者は『古代氏族系譜集成』の編纂で知られる古代氏族研究家。

Ａ５判３４０ページ　２０００円＋税

宝賀寿男著